Samdhong Rinpoche · Buddhistische Meditation

Samdhong Rinpoche

BUDDHISTISCHE MEDITATION

Deutsch von Thomas Geist

ADYAR

Originally published 1988 by
The Theosophical Publishing House, Adyar,
under the title *Buddhist Meditation*

Deutsch von Thomas Geist

3-927837-55-5

༄། །བྱང་ཆུབ་སེམས་མཆོག་རིན་པོ་ཆེ།
།མ་སྐྱེས་པ་རྣམས་སྐྱེ་གྱུར་ཅིག །
སྐྱེས་པ་ཉམས་པ་མེད་པ་ཡང་།
།གོང་ནས་གོང་དུ་འཕེལ་བར་ཤོག། །།

Mögen jene den kostbaren Bodhigeist (Erleuchtungsgeist) erwecken,

Die ihn noch nicht erweckt haben.

Möge der Bodhigeist in jenen, die ihn erweckt haben,

Nicht abnehmen sondern weiter und weiter wachsen.

Prof. Samdhong Rinpoche ist Rektor des *Central Institute of Higher Tibetan Studies* in Sarnath, Indien. Von Kindheit an durchlief er die strenge religiös-philosophische Ausbildung eines inkarnierten Lamas in Tibet. Als 1959 die Chinesen sein Heimatland besetzten, kam er im Gefolge Seiner Heiligkeit des Dalai Lama als Flüchtling nach Indien.

Dieses kleine Buch ist aus einer Serie von Vorträgen hervorgegangen, die Samdhong Rinpoche 1982 an der Schule der Weisheit in Adyar hielt. Den damaligen Zuhörern wurde schnell bewußt, daß der Vortragende sie an seinen eigenen tiefen Meditationserfahrungen teilhaben ließ, ohne dabei den leisesten Versuch zu machen, ihnen die eigenen Vorlieben und Ansichten aufzudrängen. Es herrschte eine Atmosphäre der Einfachheit und sogar der Kontemplation, die wohl mehr dazu beitrug den Geist der Meditation zu übermitteln, als Worte allein es vermocht hätten.

Die redaktionelle Bearbeitung des Materials wurde auf ein Minimum beschränkt, in der Hoffnung, daß die Leser etwas von der Atmosphäre einfangen können und so die Inspiration finden, in diese essentielle Thematik tiefer einzudringen.

Der Herausgeber

I

ICH BIN kein Experte in buddhistischer Meditation. Wie kann einer, der selbst nicht singen kann, es anderen beibringen? Wir wollen dennoch versuchen, ein gewisses Verständnis für unser Thema zu erlangen. Lassen Sie uns zu Anfang zwei grundlegende Fragen stellen. Warum meditieren wir? Was ist Meditation? Ein vernünftiger Mensch unternimmt eine Aufgabe nur, nachdem er die Umstände und das wahrscheinliche Ergebnis gründlich erwogen hat. Etwas ohne dieses Vorausdenken zu beginnen, wäre nicht empfehlenswert.

Es ist zutreffend, daß die Menschen schon intelligent genug sind – auch ohne Meditation. Die Wissenschaft hat sich weit über unsere Erwartungen hinaus entwickelt – auch ohne Meditation. Der Computer arbeitet schneller als das menschliche Gehirn, das ihn gebaut hat – auch ohne Meditation. Warum sollten wir uns also überhaupt mit diesem Thema befassen? Über zahllose Leben haben wir unseren Geist bereits zutiefst konditioniert. Was wir also ganz gewiß nicht brauchen, ist eine weitere Konditionierung – auch nicht durch Meditation! Warum sind andererseits so viele Menschen heutzutage derart daran interessiert? An manchen Orten ist es schon schwieriger, einen guten Teeladen zu finden als ein Zentrum für Meditation –

oder wenigstens einen Ort wo entsprechende Kurse angeboten werden!

Und was ist das Ergebnis von Meditation? Jahrelang haben manche Menschen meditiert und scheinen immer noch genauso fehlbar und leidend wie jene, die sich nie um Meditation gekümmert haben. Ich möchte Ihnen mit meinen Anmerkungen durchaus nicht den Mut zur Meditation nehmen, sondern ich möchte Ihre Aufmerksamkeit auf diese Tatsachen lenken, damit Sie selbst darüber nachdenken können. Denn wenn Sie dabei zu dem Schluß kommen sollten, Meditation sei eine nutzlose Übung, wäre es besser etwas anderes zu tun.

Als erstes würde ich die, die meditieren wollen, fragen: Warum wollen Sie das tun? Ich denke, diese Frage ist sehr wichtig, ist es doch die Absicht, die letztlich über den gesamten Wert der Meditation entscheidet. Wenn unsere Motivation also nicht so aufrichtig ist, wie sie sein sollte, dann ist es unsere Pflicht, uns durch richtiges Denken selbst zu korrigieren. Manche Leute wollen meditieren, weil sie einen gestörten Geist haben und endlich Frieden finden wollen. Sie wissen aber weder, was einen friedvollen Geist ausmacht, noch kennen sie die wahre Natur des Friedens. Sie wollen einen ruhevollen Frieden, etwa in der Art tiefen entspannenden Schlafs. Sie wollen bloß endlich frei werden von ihrer Ruhelosigkeit, ihrer Erschöpfung, ihrer Frustration. Dabei gibt es dann keine Verbindung zur Weisheit. Da wäre es besser, einfach ein paar Schlaftabletten zu nehmen: Die wirken nicht nur schneller, sondern bringen das gewünschte Ergebnis auch noch ohne jede Anstrengung. Andere wiederum halten Meditation für eine Art Therapie zur Heilung körperlicher und geistiger Gebrechen. Das kann zwar gelegentlich zu ihren Wirkungen gehören, doch ist es nicht ihre hauptsächliche Funktion. Die moderne Medizin mit ihren Techniken und chemischen Hilfsmitteln hat in diesem Bereich eine weitaus größere Wirksamkeit.

Dann gibt es solche, die magische Kräfte oder übersinnliche Fähigkeiten erlangen wollen, um ihr ohnehin schon aufgeblasenes Ich noch weiter zu füttern. Sie wollen etwas Außergewöhnliches, etwas das gewöhnlichen Menschen nicht zugänglich ist – einfach nur um damit anzugeben. Für diese Menschen wird sich die Meditation als völliger Fehlschlag erweisen. Tatsächlich könnten sie sich dadurch sogar in unmoralischen Handlungen verlieren.

Wir sollten also sehr aufmerksam sein und unsere Beweggründe für die Meditation aufrichtig prüfen. Zuerst müssen wir wissen, was Meditation eigentlich ist. Denn unsere beiden Ausgangsfragen – Warum meditieren wir? Was ist Meditation? – sind eng miteinander verknüpft.

Ich weiß nicht, wovon sich das deutsche Fremdwort Meditation ableitet, doch in der Sanskrit-Überlieferung hat Meditation zwei Aspekte, *dhāranā* und *bhāvanā*. *Dhāranā* bedeutet sich zu konzentrieren und *bhāvanā* heißt erwägen, über etwas nachdenken, untersuchen, analysieren. Echte Meditation muß sich aus diesen beiden Teilen zusammensetzen: Einsgerichtetheit des Geistes und die Kraft der Analyse. Diese beiden, die man auch als *śhamatha* und *vipassanā* bezeichnet, formen gemeinsam die Ganzheit der Meditation. *Śhamatha* ist das Wort für Konzentration und *vipassanā* heißt Analyse. Klares analytisches Verstehen gepaart mit völliger Konzentration ergibt Meditation. Nun, worauf konzentrieren wir uns und was analysieren wir? Im Allgemeinen ist diese Art der Konzentration, diese Fülle des Geistes in der gewöhnlichen Welt zur Analyse nicht unbedingt nötig.

Der Wissenschaftler hat – ohne Meditation, nur mit Hilfe äußerer Instrumente – mit großem Geschick die materielle Welt erforscht. Die innere Welt jedoch hat er nicht durchdrungen. Die innere Wahrheit der Dinge kann mit wissenschaftlichen Methoden oder Ausrüstungen nicht erforscht werden.

Vorhandensein und Bedeutung einer spirituellen Dimension finden heutzutage immer breitere Zustimmung. Früher, als die Wissenschaft eben begann sich zu entwickeln, hielten die meisten Menschen spirituelle Dinge und innere Weisheit für unwichtig. Aber jetzt beginnen die Wissenschaftler selbst zu entdecken, daß es noch etwas Wesentliches zu verstehen gibt, und sie ahnen zumindest, daß es nur mit einer Methode gefunden werden kann, die über den Materialismus hinausgeht. Meditation besteht aus Konzentration und Reflexion, und diese Kräfte müssen nach innen gerichtet sein, nicht nach außen. Meditation ist das Instrument mit dem wir zu uns selbst gelangen und in uns das finden können, was über uns selbst hinausgeht.

In den meisten religiösen Traditionen finden sich verschiedene Formen von Meditation. Die Buddhisten sind nicht im Besitz spezieller Methoden, die als rein buddhistisch bezeichnet werden könnten. Verschiedene Erkenntnisse und Einsichten jedoch sind originär buddhistisch: zum Beispiel über die Natur von *śhamatha*, die Stille des Geistes und über *vipassanā*, die Achtsamkeit des Geistes. Die Techniken jedoch leiten sich von Methoden her, die in den Samkhya-, Vedanta- und anderen Hindu-Schulen wohlbekannt sind, und vielleicht sogar von Meditationsformen anderer Religionen.

Unser Geist ist, in seinem jetzigen Zustand, wirklich nicht qualifiziert oder ausgerüstet, unsere eigenen innersten Tiefen zu erforschen. Man hat uns gelehrt, nach Dingen außerhalb von uns selbst zu suchen, aber wir haben kaum je irgendwelche Hinweise erhalten, wie man nach innen schaut. Wir müssen uns darin üben, nach innen zu schauen, und das geht ausschließlich durch Meditation. Will man meditieren, muß der Geist gesammelt werden, denn sonst hat er nicht die Kraft, sich auf nur ein Objekt zu konzentrieren. Und in einem solchen Falle wäre das, was wir für Meditation halten, alles andere als Meditation. Unser undisziplinierter Geist gleicht einer Kerzenflamme, die im Winde flackert. Von einem derart unsteten Licht verzerrte Gegenstände scheinen zu vibrieren und können nicht klar gesehen und erkannt werden. Schon einige wenige Augenblicke des Meditierens lassen uns deutlich erkennen, wie schnell der Geist von einem Gegenstand zum nächsten eilt, und wie er von vielen Dingen, wie etwa Emotionen und Erinnerungen, abgelenkt wird. Der Geist gleicht einer Hauptgeschäftsstraße, auf der sich Autos, Motorräder, Fahrräder und Passanten drängen. Wenn wir uns mitten in der Menge befinden, nehmen wir zwar das Gedränge und den Lärm um uns herum wahr, doch erst wenn wir von der obersten Etage eines hohen Gebäudes herunterschauen, sehen wir wie groß das Durcheinander tatsächlich ist. Solange unser Geist mit Störungen und Hindernissen befaßt ist, merken wir nicht einmal, wie unbeständig er ist. Erst wenn wir mit der Meditation beginnen und allmählich lernen uns zu lösen, werden wir gewahr, wie vollgestopft und ruhelos der Geist tatsächlich ist. Das Bewußtsein des gewöhnlichen Menschen ist normalerweise bruchstückhaft und uneins, voller Gedanken und Illusionen. In dieser Verfassung ist Konzentration absolut unmöglich. Folglich muß der Geist, damit wir nach innen schauen und unser inneres Selbst besser kennenlernen können, in Konzentration geübt werden.

Aus diesem Grund besteht der erste Schritt in der Meditation darin, den Geist zu trainieren, sich für eine bestimmte Zeit auf einen Punkt, ein Objekt, zu konzentrieren. Dies dient dazu, die gegenwärtige Begrenztheit unseres Geistes zu überwinden, der sich nicht ganz und gar auf ein Objekt konzentrieren, ja nicht einmal für eine kleine Weile einsgerichtet bleiben kann. Unsere Aufmerksamkeit sollte zum Beispiel, während wir reden, voll auf das erörterte Thema konzentriert sein. Aber tatsächlich achtet nur ein Teil unseres Bewußtseins auf das, was gesagt wird, denn gleichzeitig hören wir draußen den Gesang eines Vogels und nehmen die Bewegung der Leute um uns wahr. Der Geist widmet sich also zur gleichen Zeit verschiedenen Aktivitäten, wie hören, sehen und sprechen. Das macht deutlich, daß er nur sehr selten in der Lage ist, sich ausschließlich auf einen Punkt zu konzentrieren. Manchmal allerdings erleben wir auch das Gegenteil. So kann es zum Beispiel vorkommen, daß wir im Anblick eines schönen Bildes oder Sonnenunterganges so versunken sind, daß wir nicht wahrnehmen, wenn uns jemand anspricht. Diese Art der Konzentration hält jedoch gewöhnlich nur für wenige Sekunden an, und dann ist alles wieder wie früher.

Der erste Schritt in der Meditation besteht also darin, den Geist darin zu üben sich auf einen Punkt zu konzentrieren, ohne daß er sich ablenken oder stören läßt. Dann aber werden wir bald merken, daß, aufgrund der angestrengten und fortwährenden Übung der Konzentration, unsere Fähigkeit zur Analyse und zum Denken verlorenzugehen droht. Das darf jedoch auf keinen Fall geschehen, da ja Konzentration nur der erste Schritt in der Meditation ist, und Denken, Kontemplation und Analysieren den zweiten Schritt ausmachen. Aus diesen wesentlichen Aktivitäten nämlich setzt sich die Meditation zusammen: der einsgerichteten Konzentration auf ein Subjekt oder Objekt und dem gleichzeitigen Aufrechterhalten der Fähigkeit, klar seine vielfältigen Aspekte zu sehen und zu kontemplieren. Wenn uns das klar geworden ist, haben wir auch verstanden, was Buddhisten meinen, wenn sie von Meditation sprechen.

Jetzt wollen wir zur Frage nach dem Grund für die Meditation zurückkehren. Meditation wird nur dann nutzbringend und der Mühe wert sein können, wenn wir es wirklich ernst meinen mit unserer Selbstfindung oder, in buddhistischer Terminologie ausgedrückt, 'der Suche nach unserer Selbstlosigkeit' oder 'der Suche nach dem, was in uns illusorisch ist'.

Wenn wir diese Wahrheit wirklich ernsthaft finden wollen – nicht nur zu unserer eigenen Befriedigung, sondern um allen anderen zu helfen, die sie selbst noch nicht gefunden haben – dann sind Studium und Praxis der Meditation wirklich jeder Mühe wert. Ist unsere Motivation jedoch nicht rein, so wird die Meditation bloß zur Zeitverschwendung, denn zum Erlangen solch weltlicher Ziele wie Vergnügen oder Macht kann sie nicht dienen.

Die Welt ist voller Elend. Das kann niemand bestreiten. Unser Körper ist Verfall, Krankheit, Schmerz und Tod unterworfen. Und auch die Welt ist voller Nöte, wie Armut, Ungleichheit und Haß. Jeder Einzelne, ob berühmt oder unbekannt, reich oder arm, jung oder alt, schleppt sein eigenes Elendsbündel – seinen Körper – mit sich herum, an den er durch Karma gebunden ist. Ein vernünftiger Mensch sollte das unermeßliche Elend in der Welt nicht nur erkennen, sondern auch nach seiner Ursache forschen. Gemäß der buddhistischen Lehre wird Leid durch Karma verursacht, das wiederum durch Begierde bedingt ist, dem Produkt eines unreinen Geistes. Dieser unreine Geist entsteht durch die Illusion eines Selbst, das ist *avidyā* oder Nicht-Erkennen. Diese Illusion eines Selbst kann nur durch *prajñā* (Weisheit, Erkennen), ein durch *samādhi* (konzentrierter Geist) erlangtes Verständnis, ausgelöscht werden. Einen konzentrierten Geist aber erlangen wir nur, wenn wir *śīla*, die heilsame oder rechtschaffene Lebensweise einhalten. Daher ist die gesamte buddhistische Lehre in *triśiksā*, drei Lehren zusammengefaßt. Es sind dies die Grundsätze von *śīla*, rechtschaffener Lebensweise oder Ethik, *samādhi*, Konzentration des Geistes oder Versenkung und *prajñā*, Weisheit oder Einsicht. Hieraus wird uns klar ersichtlich, daß für jeden Menschen, der sich auf die Suche macht nach einem richtigen Verständnis der Wahrheit, nach Erkenntnis der Wahrheit, nach Erkenntnis der Selbstlosigkeit, Meditation unverzichtbar ist.

Wir sollten also meditieren, um unseren Geist zu entwickeln und Einsicht in das innere Wesen des Menschseins zu gewinnen. Wir brauchen einen voll konzentrierten Geist, den wir durch rechte Meditation erhalten, die aus zwei Aspekten besteht: *śhamatha* oder Ruhe des Geistes und *vipassanā* oder Fähigkeit der Analyse.

Nachdem wir nun Meditation definiert und herausgefunden haben, warum wir meditieren wollen, wollen wir uns jetzt mit der Vorbereitung auf die Meditation befassen. Vorbereitung ist sehr wichtig, sie darf weder außer acht gelassen noch vernachlässigt werden. Buddhistische Meditation beinhaltet drei Stufen. Die erste Stufe ist das Studium. Hier hört man den Lehrern und Älteren zu, studiert Bücher und diskutiert die gemachten Entdeckungen. Diese erste Stufe ist *śruti*, Hören (Verstehen durch Hören). Daran schließt sich die zweite Stufe an: *vicāra*, das Erwägen, Überdenken dessen, was man gehört hat, all der Erklärungen, die man erhalten hat. Hier gilt es sorgfältig zu ergründen, ob die Methoden, die man benutzen will, korrekt sind und der eigenen besonderen Verfassung entgegenkommen. Nur wenn man entschlossen ist und Klarheit im Hinblick auf die anzuwendenden Methoden gewonnen hat, kann man zur dritten Stufe weitergehen: *bhāvanā*, der eigentlichen Meditation.

Weiterhin gibt es bestimmte Voraussetzungen, die für einen Anfänger absolut notwendig sind. So braucht man zum Beispiel einen geeigneten Raum, der still und ruhig sein muß, einen Ort, an dem man ohne Furcht vor Störungen, ohne geistiges Unwohlsein oder Streß, seien sie bewußt oder unbewußt, sitzen kann, denn Furcht in jedweder Form ist das Ende der Meditation. Der Platz sollte auch in vernünftiger Nähe zu Einkaufsmöglichkeiten liegen, so daß Nahrung, Kleidung, Medizin und andere Notwendigkeiten leicht besorgt werden können. Zu Anfang ist ein zu abgeschiedener Ort nicht ratsam.

Viele Kilometer zum Beispiel zu einem Arzt reisen zu müssen, wäre reine Zeitverschwendung, die der Meditierende sich besonders zu Beginn seiner Unternehmung nicht leisten kann.

Unser Leben sollte körperlich und insbesondere sittlich rein sein. Wir müssen mit einem einfachen Leben zufrieden sein und sollten unser Verlangen nach Luxus überwinden. Wir müssen aufhören darüber nachzudenken, wie wir weitere, bessere oder neuere Gerätschaften und andere Güter bekommen können, denn all diese Gedanken stören und zerstreuen nur den Geist. Wir sollten lernen mit dem, was wir haben, zufrieden zu sein, sei es Nahrung, Kleidung oder Wohnung. Der weit fortgeschrittene Meditierende kann mit allem umgehen, aber für den Anfänger ist es besser sich von äußeren Dingen wie Fernsehen, Kinobesuchen, Zeitungen oder belebten Straßen fernzuhalten.

Um den Geist noch weiter zügeln und beruhigen zu können, sollten wir unserer täglichen Routine Aufmerksamkeit schenken. Das heißt, wir sollten beim Aufstehen, Essen, Schlafen und so fort einen strikten Zeitplan befolgen. Essen sollten wir einfach und in Maßen, vorzugsweise rein vegetarisch. Und schließlich sollte der strebende Meditierende verstehen, das ein rechter Lebenserwerb niemals mit Einkünften aus unethischen Aktivitäten bestritten werden kann. Ein Mensch, der sich auf diese Weise für eine Weile bequem an einem Ort niederläßt und ernsthaft seine Routine praktiziert, sollte bemerken, daß sich Körper und Geist weitgehend beruhigen.

Aus dem Gesagten läßt sich leicht erkennen, warum ein vielbeschäftigter Manager – oder natürlich auch jeder andere geschäftige Mensch mit einem hektischen Lebenswandel, der ständig von hier nach da eilt und zu jeder Stunde arbeitet – nicht die Muße hat, sich auf die Meditation vorzubereiten. Die notwendige Ruhe wird nicht durch Meditation erreicht, sondern indem man ein einfaches Lebens führt. Auch Techniker und Gelehrte werden es schwer haben mit der Meditation zu beginnen, da Meditation und Forschung am Anfang nicht gut zusammenpassen, ganz gewiß gilt das für die ersten drei bis sechs Monate. Wenn jedoch die Techniker und Gelehrten fortgeschrittene Meditierende geworden sind, sollten sie keinerlei Schwierigkeiten mehr haben, sowohl ihrer Arbeit nachzukommen als auch zu meditieren. Zu Beginn jedoch ist es besser, all die vielfältigen, für die Übung der Konzentration nicht förderlichen Aktivitäten aufzugeben. Weiterhin ist es für den Anfänger ratsam nur wenige Bücher zu lesen, die sich darüber hinaus ausschließlich mit dem Gegenstand der Meditation befassen sollten. Besonders vorteilhaft wäre es, wenn er außer seinen Büchern einen Lehrer oder geistesverwandte Freunde hätte, mit denen er sich austauschen kann, falls ihm Zweifel bezüglich der angewandten Methoden kommen.

Wenn alle obengenannten Vorbereitungen abgeschlossen sind, sollte der Aspirant sein ganzes Leben Revue passieren lassen. Er muß noch einmal seine Absicht prüfen, sein Verständnis der Meditation, und er muß ganz klar wissen, warum er meditieren will, denn jetzt wird er sich entscheiden müssen, entweder seinen Wunsch zu meditieren wieder aufzugeben, oder sich wirklich Phasen von Meditation auszusetzen. Er muß auch seine Umgebung und die Vorbereitungen, die er getroffen hat, nochmals überprüfen. Es kann nicht häufig genug betont werden, daß Meditation nicht leicht ist und auch eine gewisse Gefahr birgt, indem sie einen nachlässig Meditierenden zu einem abnormalen Leben führen kann. Alle, die ein wirklich meditatives Leben beginnen wollen, die es mit einem spirituell ausgerichteten Leben und der Suche nach der Wahrheit ernst meinen, sollten diese Vorsichtsmaßregeln unbedingt befolgen.

Wenn jemand nicht in der Lage ist, ausgedehnte und regelmäßige Meditationen durchzuführen, sollte er einen zeitlich begrenzten Kurs belegen, auch das wird ihm sehr weiterhelfen. Er oder sie könnte sich für einen Zeitraum von wenigen Tagen bis zu mehreren Monaten zur Meditation zurückziehen. Es ist wichtig, die Dauer eines solchen Kurses genau festzulegen, damit diesbezüglich keinerlei Unsicherheit im Geist zurückbleibt. Das Pensum des Kurses sollte klar und das Programm genau geplant und festgelegt sein, so daß der Teilnehmer am Ende etwas mitnimmt – vielleicht ein besseres Verständnis der Meditation.

Nachdem er an zwei oder drei solcher Kurse teilgenommen hat, ist der Meditierende vielleicht imstande, allein weiterzumachen und eine etwas längere Meditation auch ohne die ständige Unterstützung durch einen Lehrer durchzuführen. Man muß jedoch berücksichtigen, daß ein Anfänger – ungeachtet seiner eigenen Studien, der Belehrungen, die er von seinem Lehrer erhalten hat oder des Maßes an Vertrauen in die von ihm angewandten Methoden – in den frühen Stadien seiner Entwicklung auf jeden Fall viel Hilfe braucht. Darum ist es äußerst ratsam, daß der Aspirant von Zeit zu Zeit seinen Fortschritt mit seinem Lehrer oder seinen Kameraden bespricht, denn eine falsche Meditationsmethode, die über einen längeren Zeitraum hin angewendet wird, kann sich als recht schädlich erweisen.

FRAGEN UND ANTWORTEN

Sie haben über Klarheit und Wachsamkeit des Geistes gesprochen und auch über Konzentration und Analyse. Was meinen Sie genau, wenn Sie von Analyse als einem Teil der Meditation sprechen? Ich stelle diese Frage, weil Sie zu Beginn sagten, daß der Geist ohnehin schon mit zu vielen Gedanken überfrachtet ist. Sie sagten außerdem, Analyse sei eine gedankliche Aktivität. Ist es dann nicht so, daß der Prozeß der Analyse den Geist mit noch mehr Gedanken füllt?

Das ist eine sehr wichtige Frage, und sie wird in den buddhistischen *sāstras* ausführlich diskutiert. Die buddhistischen *ācāras* (Techniken) können in zwei Teile geteilt werden. Der erste ist *vipassanā*, Denken und Analyse, und der zweite ist *śhamatha*, Konzentration. Viele *ācāryas*, das heißt Lehrer, betonen nur *śhamatha* (Konzentration) in der Meditation und verweisen nicht auf *vipassanā*, den Prozeß der Analyse. Aber es gibt auch berühmte *ācāryas*, die das Zusammenkommen beider Aspekte in der Meditation lehren. *Śhamatha* ist die Beruhigung und Konzentration des Geistes, *vipassanā*, Analyse, hingegen ist ein Gedankenprozeß. Im gewöhnlichen Geist ist dieser Prozeß weder konzentriert noch völlig einsgerichtet, in der Meditation jedoch läuft der gedankliche Prozeß der Analyse in voller Konzentration und Sammlung ab. Solange es diszipliniert ist, springt das Denken nicht von einem Gegenstand zum andern. Darüber hinaus wählt der Meditierende nur einen Gedanken für seine Analyse, und Analyse bedeutet in diesem Zusammenhang stets die Suche nach dem Selbst, das Forschen, ob es sich um eine Entität oder eine Projektion des Geistes handelt, ob seine Natur wechselseitige Abhängigkeit und 'Vermeidung von Istheit' ist. Wenn wir diesen Fragen nicht analysierend und erwägend auf den Grund gehen, können wir die Wahrheit nicht finden. Auf der ersten Stufe kann Erkenntnis der Wahrheit nur durch *anumāna*, Schlußfolgerung, erreicht werden. *Anumāna* ist natürlich gedankliche Aktivität, doch je weiter man in der Meditation fortschreitet, desto unnötiger wird diese Schlußfolgerung. So löst sich die Rolle des Denkens im Meditationsprozeß allmählich auf und löst sich schließlich völlig auf, wenn man *pratyaksha* oder unmittelbare Verwirklichung erlangt. Der Vorgang des Denkens in diesem Zusammenhang ist nicht von überfrachtetem Gedränge gekennzeichnet, sondern systematisch und einsgerichtet, da nur ein Objekt analysiert wird. Bei voller Konzentration des Geistes kann die Analyse daher scharf und kraftvoll sein. Auf diese Weise wird der Vorgang des Denkens selbst genutzt, um die Gedankenprozesse schließlich zu vernichten.

Wie steht es mit der Anwendung von prānāyāma in der Meditation?

Prānāyāma wird im Buddhismus allgemein als Konzentration auf den Atem verstanden. Das im Hindu-Yoga beschriebene *prānāyāma* und die Atem-Tradition im Buddhismus dienen jedoch verschiedenen Zwecken. In der buddhistischen Meditation nennen wir es nicht *prānāyāma*. Wir zählen einfach den Atem, wie er durch die Nasenlöcher ein- und ausgeht und konzentrieren uns gleichzeitig auf die Nasenspitze. Atmen hat eine Auswirkung auf den physischen Körper, und das hilft uns, den Geist unter Kontrolle zu bringen. Im Mahāyana-Buddhismus beginnen viele Anfänger ihre Meditation indem sie sich auf ihren Atem konzentrieren statt auf ein äußeres Objekt. Diese Achtsamkeit auf den Atem läutert sowohl den Körper als auch den Geist.

Welche Rolle spielen Mantras in der Meditation?

Mantras sind auf den höheren Stufen der Meditation manchmal sehr nützlich. Im Buddhismus werden sie nur in der tantrischen Meditation und nicht in gewöhnlichen Meditationsformen angewendet. Meditation beginnt üblicherweise mit dem Training des Geistes. Tantrische Meditation jedoch beginnt mit der gemeinsamen Entwicklung von Geist, Körper und Sprache. Aus diesem Grund sind Mantras (da sie die Sprache einbeziehen) in der tantrischen Tradition unerläßlich.

II

IN TIBET gab es mehrere Dutzend unterschiedlicher Meditationsschulen, und jede hatte eine andere Überlieferung und Herangehensweise. Es ist nicht nötig, auf alle einzugehen. Da es für uns wichtig ist, einen klaren Geist zu haben, werden wir uns nur einer Tradition widmen, nämlich der *vijñāna-vāda*-Schule des Mahāyana-Buddhismus, die auf den Lehrer Asaṅga zurückgeht. Diese und die Tradition der *mādhyamika* bilden die beiden bekanntesten Schulen des Mahāyana-Buddhismus. Zusammen repräsentieren sie die beiden Aspekte des *prajñā-pāramitā-sūtra*. Asaṅga kommentierte hauptsächlich *mārga*, den Aspekt der Meditation, während der große Lehrer *Nāgārjuna* in seinen Kommentaren mehr *darśana*, den philosophischen Aspekt, betonte.

Die Asaṅga-Schule der Meditation war in Tibet sehr populär und hatte viele Anhänger. Durch eine ununterbrochene Übertragungslinie von Gurus, bereichert durch mündliche Unterweisungen, Abhandlungen und Kommentare von großen Männern wie *ācārya Vasubandhu*, *Śhāntarakshita*, *Kamalaśhīla* und *Tson-kha-pa* ist diese Schule bis auf uns gekommen. Wir werden die Methode der Meditation gemäß den Schriften dieser *ācāryas* studieren.

Lassen Sie uns jetzt mit dem Thema der Vorbereitung für die Meditation fortfahren. Da eine korrekte Vorbereitung die eigentliche Grundlage für die Meditation darstellt, wollen wir sie sorgfältig Schritt für Schritt studieren.

Es gibt auch weniger anspruchsvolle Systeme, doch in dieser Tradition sind weder Abkürzungen noch Nachlässigkeiten oder Kompromisse in der sittlichen Disziplin zulässig. Sie ist in der Disziplinierung von Körper und Rede sehr streng und erwartet vom Schüler, daß er in seinem Herangehen an die Meditation wirklich ernsthaft ist. Er wird nämlich niemals imstande sein, seinen Geist zu zähmen, solange er sich nicht selbst in Körper und Rede diszipliniert hat. Die in dieser Schule gelehrte Methode der Disziplin umfaßt drei Stufen:

1. *kāya*, Disziplin des Körpers
2. *vāk*, Disziplin der Rede
3. *citta*, Disziplin des Geistes.

Wir müssen also, wenn wir den Geist zähmen wollen, mit der Zähmung des Körpers und anschließend der Rede anfangen. Haben wir diese beiden voll unter Kontrolle, werden wir entdecken, daß sich der Geist sehr leicht disziplinieren läßt.

Die buddhistische Lebensweise gründet auf dem Edlen Achtfachen Pfad. Dieser Pfad besteht aus den Disziplinen der oben erwähnten drei Stufen. Rechte Handlung, rechte Absicht und rechter Lebenserwerb bilden zusammen die sittliche Seite des Lebens oder *śīla*, während rechtes Bemühen und rechte Achtsamkeit die Komponenten von *samādhi* sind. Eine rechte Lebenseinstellung führt zur Weisheit. Auf der ersten Stufe der Vorbereitung auf Meditation, *samādhi* und *prajñā,* sollte man vor allem rechte Handlung, rechte Absicht und rechten Lebenserwerb beachten. Wenn die Absicht stimmt, kann alles erreicht werden.

Absichten, Taten und ihre Wirkungen sind immer miteinander verbunden. Alles, was mit einer falschen Absicht begonnen wird, wird falsch laufen, wie gut die nachfolgende Handlung auch zu sein scheint. Mit der Meditation verhält es sich genauso: Wenn die Absicht ihrem Wesen nach falsch, unrein und eigensüchtig ist, wird alles folgende, obwohl wir eine gute Methode benützen mögen, nur das Ich stärken und das Ergebnis wird nicht stimmen. Eine gute Absicht muß daher ganz am Anfang stehen, und dann müssen wir Körper, Rede und Geist zähmen. Auf diese Weise sollten wir rechte Handlung, rechte Rede und rechten Lebenserwerb auf der zweiten Stufe unserer Vorbereitung praktizieren.

Die meisten unserer Aktivitäten sind auf die eine oder andere Weise mit unserem Lebensunterhalt verknüpft, und daher ist es unumgänglich, unsere Lebensweise sorgfältig zu prüfen. Hier geht es um all unsere Aktivitäten: Womit wir unser Geld verdienen und wie wir es ausgeben bis zu so einfachen Dingen wie Kochen, Essen, Schlafen und unsere Reaktionen auf andere Menschen. Es ist natürlich, daß wir uns bemühen ein ausreichendes Einkommen sicherzustellen, doch leicht können uns unsere Anstrengungen zu unethischen Handlungen verleiten. Die meisten Verbrechen, von denen wir hören oder in den Zeitungen lesen, entstehen aus der Gier nach Geld. Unter den gegenwärtigen gesellschaftlichen Bedingungen ist es manchmal sehr schwierig, einem rechten Lebenserwerb nachzugehen. Selbst ein normalerweise aufrichtiger Mensch mag sich manchmal versucht fühlen unredlich zu sein, oder sich in unsaubere Geschäfte verwickeln. Diese Dinge kommen vor. Doch wenn wir uns selbst genau und sorgfältig unter die Lupe nehmen, finden wir schnell heraus, daß wir unsere eigenen Fehler oder Untaten durchaus nicht immer erkennen, oder immer irgendeinen Grund zu unserer Entschuldigung zur Hand haben.

Es ist eine gute Übung, unsere Handlungen immer ehrlich und aufrichtig zu erforschen. Beobachten wir uns genau, wenn wir zum Beispiel auf Reisen sind oder unser Gehalt bekommen oder wenn wir spezielle Privilegien nutzen. Können wir sagen, daß wir völlig lauter und aufrichtig sind? Können wir sagen, daß wir unser Geld absolut fair und unter vollem persönlichen Einsatz in der Arbeit verdienen? Vielleicht ist die Art unseres Lebensunterhalts korrekt, und es gibt keine Unredlichkeit oder unsauberen Einkünfte, aber wenn wir unsere Arbeit einer genauen Betrachtung unterziehen, werden wir vielleicht feststellen, daß dennoch eine ganze Anzahl unrechter Handlungen damit verknüpft sind. Es wird zum Beispiel von uns erwartet, daß wir jeden Tag eine bestimmte Zeit lang arbeiten, und wir verbringen vielleicht auch wirklich die volle Stundenzahl im Büro, doch wenn wir genau hinschauen, finden wir vielleicht heraus, daß wir einen guten Teil dieser Zeit nicht auf die von uns erwartete Arbeit verwenden. Weiter können wir uns fragen, wie wir mit der Büroausstattung umgehen. Wie oft nehmen wir – vielleicht unbewußt – Papier, Stifte oder Briefumschläge aus der Arbeit für unseren eigenen persönlichen Gebrauch? Gleichermaßen, wie verhält es sich mit dem Gebrauch des Dienstwagens? Es gibt Regeln für seinen Gebrauch, doch kommt es oft vor, daß diese Anweisungen nicht strikt befolgt werden und daß das Auto unerlaubterweise für private Ausflüge genutzt wird. Ebenso ist das Bürotelefon für Geschäftsgespräche gedacht, doch tatsächlich wird es nicht allzu selten für rein persönliche Zwecke genutzt. Auf diese Weise wird unser Lebenserwerb in gewissem Maße befleckt.

Ein anderes Beispiel kann man auf dem Markt finden, wo wir stets versuchen, die besten Artikel zum billigsten Preis zu erstehen, während der Verkäufer seinerseits bestrebt ist, mit seinen schlechtesten Produkten den höchstmöglichen Preis zu erzielen. Für viele von uns ist es nahezu unmöglich, jemals die

Vollkommenheit zu erreichen, die der rechte Lebenserwerb uns abfordert. Trotzdem dürfen wir niemals aufhören, es immer wieder von neuem zu versuchen. *Saṃskāra* ändert sich fortwährend, und wenn wir uns nur genug Mühe geben, können auch wir, ohne jeden Zweifel, schließlich selbst den höchsten Standard erreichen.

Rechte Rede ist ebenso schwierig zu erreichen, wie rechter Lebenserwerb; unsere Worte sind nicht immer in Übereinstimmung mit unseren Gedanken. Konversation ist zu einem wesentlichen Merkmal unserer Gesellschaft geworden. Es ist sehr schwierig, unsere Rede rein zu halten: Wir können erkennen, daß ungefähr die Hälfte unserer gewöhnlichen Konversation von der Anpassung an soziale Gewohnheiten beinflußt wird. Aus diesem Grund haben Lehrer früherer Zeiten den Weg der Stille gewählt und ein lebenslanges Schweigegelübde gehalten. Sie hatten erkannt, wieviel Unreinheit mit der Rede verbunden sein kann. Bei vielerlei Gelegenheiten würde unsere gebildete, zivilisierte Gesellschaft es für äußerst unhöflich und ungehörig halten, die Wahrheit zu sagen, und so müssen wir unsere Rede ein wenig verdrehen. Manchmal, wenn diese Verdrehung aus einer guten Absicht heraus geschieht, mag es nicht so schlimm sein, doch häufig fehlt diese gute Absicht. Nehmen wir zum Beispiel einen Menschen, der gewöhnlich morgens spät aufsteht. Eines Tages bekommt er schon am frühen Morgen Besuch. Er fühlt sich gestört, steht aber dennoch auf, begegnet dem Besucher mit einem Lächeln und sagt: “Ich bin so glücklich, dich zu sehen.” Man würde es für äußerst unhöflich halten, wenn er sagen würde, was er wirklich denkt, darum sagt er schließlich etwas völlig Unaufrichtiges. In ähnlicher Weise müssen wir – sei es auf der Straße, auf dem Marktplatz, im Bus oder bei einer Veranstaltung – entsprechend unserer Gewohnheit von morgens bis abends eine gekünstelte und formale Konversation aufrechterhalten, nur damit man uns für zivilisierte und wohlerzogene Menschen hält. Aus diesem Grund sagten die alten *ācāryas*, daß ein Verrückter der einzige Mensch ist, der die Wahrheit sagt, weil er immer ausspricht, was er gerade denkt!

Der nächste Punkt betrifft die Lauterkeit der rechten Handlung. Wir handeln und reagieren oft völlig automatisch oder unwillkürlich. Unsere Gedanken sind derartig konditioniert, unsere Rede wird so weitgehend von den momentanen Reaktionen unseres Geistes gesteuert, daß vieles in unserem Handeln ein unwillkürlicher Ausdruck unserer geistigen Verfassung ist. Wie viele unserer Handlungen führen wir zum Beispiel gedankenlos und ohne jede Aufmerksamkeit aus? Und selbst wenn wir ihnen Überlegung und Reflexion widmen, sind sie oft immer noch falsch. Darum ist es eine absolute Vorbedingung, daß wir durch die Läuterung von Körper, Rede und Handlung Kontrolle über uns selbst erlangen, bevor wir uns daran machen können, den Geist zu zähmen und zu beherrschen. Sonst sind die Schwierigkeiten, denen wir uns gegenübersehen, zu zahlreich und vielfältig, und es wäre unmöglich, sie alle auf einmal zu bekämpfen.

Wenn ein Mensch die Beherrschung seiner Handlungen und seiner Rede sowie das Bemühen um rechten Lebenserwerb erfolgreich geübt hat, ist er – noch ohne jeden Gebrauch von Meditation – bereits zu einem weitgehend spirituellen Wesen geworden. Falls man imstande ist, sich strikt an diese Disziplin zu halten, ist Meditation tatsächlich nicht unbedingt notwendig. Solch eine Lebensweise hebt den Menschen auf eine so hohe Stufe, daß es wirklich jeder Mühe wert ist, diesen Standard zu erreichen, wenn nicht in diesem, dann vielleicht in einem nächsten Leben. Das beste wäre, sich immer weiter um diese Ideale zu bemühen, selbst wenn wir hin und wieder Fehler machen. Fallen wir, so müssen wir eben einfach wieder aufstehen und weiter auf unser Ziel zugehen.

Rechter Lebenserwerb, rechte Rede, rechte Handlung und vor allem rechte Absicht sind die vier Disziplinen, die als Grundlage für die Meditation geübt werden müssen, wobei die Zähmung des Körpers und der Rede für die Beherrschung des Geistes von besonderer Wichtigkeit sind. Neben alledem sind Ruhe und Nähe zur Natur überaus hilfreich, nicht nur für die Meditation sondern ganz generell. Wenn wir an einem ruhigen Ort leben, ist es viel leichter, rechtes Handeln, rechten Lebenserwerb, rechte Rede und rechte Absicht zu üben. Lärm stellt die schlimmste Art von Störung für den Geist dar. Spirituelle Musik (*bhajans*) oder Gebete kann man entweder am Anfang, zum Aufbau einer spirituellen Atmosphäre, oder am Ende der Praxis verwenden, doch gilt für den Anfänger der Rat, diese Übungen nicht während der Meditation zu benutzen, da sie der Konzentration nicht dienlich sind. Auf einer späteren Stufe kann es auch Teil der Meditation sein, sich auf Klang zu konzentrieren und zu lauschen, aber das ist nicht leicht.

Der nächste Schritt in der Meditation ist die Übung der *āsanas*, der äußeren Körperhaltungen. Jeder kennt sie, denn sie sind allen Meditationssystemen gemeinsam. Die Disziplin des Geistes und des Körpers stehen in starker Wechselwirkung zueinander, denn der Geist funktioniert durch Körper und Gehirn. Im Vajrayāna beginnt man mit der Kontrolle des Körpers, beeinflußt auf diese Weise den Geist und beruhigt seine Bewegungen. Hierbei handelt es sich jedoch um ein höchst komplexes und geheimes System, und nur einige wenige auserwählte Menschen sind imstande ihm zu folgen. Der Körper ist das Fahrzeug des Geistes. Wenn wir den Körper mit einem Auto vergleichen, können wir die Beziehung deutlich sehen. Hält der Wagen an (ist der Körper unter Kontrolle gebracht), kommt der Fahrer (der Geist) automatisch auch zum Stillstand. Folglich ist die Anwendung einer guten Körperhaltung von ebenso großer Bedeutung, wie die Disziplin des Geistes.

Die Haltungen oder *āsanas*, die allgemein für die Meditation empfohlen werden, sind vielleicht nicht für jeden geeignet, und darum sollte jeder selbst herauszufinden suchen, welche Sitzhaltung ihm persönlich am angemessensten ist. Es gibt jedoch einige grundlegende Prinzipien, an die man sich unbedingt halten sollte. Das erste ist, daß während der Meditation – sei es im Sitzen auf dem Boden oder auf einem Stuhl, sei es im Stehen oder in der Bewegung – unsere Wirbelsäule absolut gerade gehalten werden muß. Auf diese Tatsache sollten wir sorgfältig achten, denn viele von uns haben die Gewohnheit, sich im Sitzen oder Stehen ein wenig gebückt zu halten. Es mag auch einige Leute geben, die körperlich nicht imstande sind, ihre Wirbelsäule gerade zu halten, und diese werden zu Beginn ein paar Schwierigkeiten zu überwinden haben. Ich bin jedoch sicher, daß auch sie bei regelmäßiger Übung in der Lage sein werden gerade zu sitzen. Danach ist es wichtig, daß wir normal atmen, was wiederum bedeutet, daß unser Körper entspannt sein muß.

Wir sollten niemals zu meditieren beginnen, wenn wir angespannt oder erschöpft sind. Menschen, die eine höhere Stufe in der Meditation erreicht haben, können auch beim Laufen, Autofahren oder Schwimmen meditieren – tatsächlich können sie unter allen Umständen meditieren. Doch zu Anfang sollten wir uns strikt an die Bedingungen halten, die zur Erleichterung der Praxis aufgestellt wurden. Bei der allgemein am meisten geübten Meditationshaltung sitzen wir auf einer Matte oder einem Kissen, das hinten leicht höher ist als vorne, auf dem Boden. Wir können zu diesem Zweck eine Decke so falten, daß sie eine leichte Schräge aufweist. Die Schräge macht es uns leichter, einen geraden Rücken zu bewahren und ist für die, die lange sitzen wollen, bequemer. Viele Leute sind jedoch daran gewöhnt auf einem Stuhl zu sitzen, und für sie mag es ungewohnt und unbequem sein mit gekreuzten Beinen auf dem Boden zu sitzen. Sie können einen Stuhl benutzen. Das ist völlig in Ordnung, es ist auch keine neue Methode, schon in früheren Zeiten gab es Praktizierende, die es vorzogen bei der Meditation auf einem Stuhl zu sitzen. Der Stuhl sollte allerdings nicht so weich sein, daß wir in ihm versinken. Er sollte einen festen Sitz haben, auf dem wir mit geradem Rücken sitzen und unsere Füße bequem auf dem Boden ruhen lassen können. Wenn wir wollen, können wir auch meditieren, während wir langsam gehen und uns auf die Schritte konzentrieren.

In jedem Fall gilt für alle Positionen die eine Bedingung, nämlich den Rücken gerade zu halten. Die Haltung, mit der viele die größten Schwierigkeiten haben, ist das *vajra-paryanga-āsana*. Das ist die Buddha-Haltung, bei der die Beine so gekreuzt sind, daß die Füße mit nach oben gerichteten Fußsohlen auf dem oberen Teil des Oberschenkels ruhen, das rechte Bein vor dem linken. Es ist sinnlos, angestrengt zu versuchen die Beine in diese Lage zu zwingen. Der Grund für das Sitzen mit gekreuzten Beinen ist es, für einen längeren Zeitraum meditieren zu können. Doch wenn man sich dabei anstrengen muß, wird man bereits in fünf oder sechs Minuten Schmerzen empfinden. Machen Sie sich also nicht allzuviele Gedanken über das Einnehmen einer bestimmten Haltung. Wenn Sie mit gekreuzten Beinen auf dem Boden sitzen wollen, tun Sie es in einer Weise, die für Sie leicht und normal ist. Die Fußsohlen müssen nicht nach oben gedreht werden, doch die Wirbelsäule sollte auf jeden Fall gerade sein, der Kopf ist leicht nach vorne geneigt, und die Hände ruhen bequem auf den Knien oder im Schoß.

Auch für die Hände werden mehrere Haltungen empfohlen. Bei der in Tibet gebräuchlichsten Haltung, legt man die linke Hand in den Schoß und darauf die rechte Hand, wobei die Innenflächen beider Hände nach oben zeigen und die Daumenspitzen einander berühren. Bei einer anderen Haltung legt man die linke Hand mit der Innenfläche nach oben in den

Schoß und läßt die rechte Hand mit der Innenfläche nach unten darauf ruhen. Dies ist die Geste der Demut. Bei einer weiteren ruhen die Hände auf den Knien, die linke Hand auf dem linken Knie und die rechte Hand auf dem rechten Knie, und man läßt die Fingerspitzen eben den Boden berühren. Die folgende Technik ist eine Hilfe für denjenigen, der seine Wirbelsäule allmählich gerade richten will. Sie ist folglich keine Meditationshaltung, sondern eine Hilfestellung. Legen Sie die Daumen in die Handflächen, schließen sie die Hände über den Daumen zur Faust, und pressen Sie dann die Hände in die Leistengegend.

Früher begannen die Schüler nicht sofort mit der Meditation, sondern übten zuerst für mehrere Wochen die verschiedenen Haltungen, um herauszufinden, welche die passendste für sie persönlich ist. Finden Sie also zuallererst die Haltung – Sitzen, Stehen, Gehen – heraus, die für Sie eine bequeme Meditation am ehesten ermöglicht. Ebenso sind einige Handhaltungen für manche Meditierende besser geeignet als andere; einige mögen für den, der auf dem Stuhl sitzt, nützlicher sein, und andere sind vielleicht geeigneter für die, die auf dem Boden sitzen.

Der nächste wichtige Punkt, der erörtert werden muß, betrifft die Augen. In keinem buddhistischen Meditationssystem wird geraten, die Augen während der Meditation ganz zu schließen. Viele mögen anfänglich das Empfinden haben, daß sie die Augen lieber geschlossen halten würden, doch das Verschließen von Augen und Ohren verhilft einem keinesfalls zu einer besseren Konzentration. Wenn die halb geöffneten Augen Sie an der Konzentration hindern, können Sie den Raum abdunkeln, aber Sie sollten nicht die Augen schließen. Sie sollten so weit nach unten schauen, daß Sie Ihre Nasenspitze gerade noch sehen können. Aber starren Sie nicht auf Ihre Nase, das würde die Augen zum Schmerzen bringen. Sie sollten anstrengungslos so nach unten schauen, daß die Nasenspitze verschwommen eben noch sichtbar ist. Der Mund sollte nicht offenstehen, und die Zähne dürfen nicht zusammengepreßt sein. Lassen Sie einfach alle Muskeln entspannt, halten Sie sich ganz natürlich, und machen Sie es sich in der von Ihnen gewählten Meditationshaltung bequem. Wenn Sie so vorgehen, wird auch Ihr Atem ganz von selbst normal und ruhig sein – und das ist wichtig. Wenn Ihr Atem noch nicht ruhig sein sollte, lassen Sie ihn sich beruhigen, bevor Sie mit Ihrer Konzentration beginnen. Nachdem Sie nun ruhig eine oder zwei Minuten in der Meditationshaltung gesessen haben, beginnen Sie, sich auf das Atmen zu konzentrieren, indem Sie mindestens einundzwanzig Ein- und Ausatemzüge zählen. Diese Übung bringt Ihr ganzes Körpersystem in Einklang. Danach können Sie dann mit der Konzentration auf das Meditationsobjekt Ihrer Wahl beginnen.

Es sollte stets durch die Nase geatmet werden. Atmen Sie langsam aus, atmen Sie langsam ein, und halten Sie den Atem nicht länger als gewöhnlich. Zählen Sie im Geiste: ‘Ich atme aus... ich atme ein... das macht eins; ich atme aus... ich atme ein... das macht zwei’ und so weiter. Diese Übung ist nicht eigentlich Konzentration, sondern ein genaues Verfolgen der eigenen Atemgewohnheit. Diese Übung wird Sie aber vom Kontakt mit der äußeren Welt befreien, was heißt, daß Sie alle Ihre anderen Gedankeninhalte vergessen, da Ihre Aufmerksamkeit jetzt ausschließlich mit dem Zählen der Atemzüge beschäftigt ist. Auf diese Weise bahnt man den Weg oder legt eine Spur für den Geist, die schließlich zu Konzentration führt. Sie können, wenn Sie es hilfreich finden, den Atem hundert oder sogar vierhundert Mal zählen. Auf jeden Fall wird Ihnen diese Übung unmittelbare Erleichterung von geistiger und körperlicher Verspannung verschaffen und folglich Ihren Körper und Geist beruhigen. Diese spezielle Übung wird heutzutage von vielen Menschen mit großem Erfolg einfach nur zur Entspannung benützt. Sie legen sich nieder oder setzen sich auf einen Stuhl und beobachten ihren Atem bis er seinen normalen Rhythmus gefunden hat. Dann beginnen sie ihre Atemzüge zu zählen, und das entspannt und erfrischt. Für den Anfänger in der Meditation ist diese Übung notwendig, bevor er mit seiner Konzentration beginnt.

Wir haben nun einige der vorgeschriebenen Bedingungen, die zur Meditation führen, angesprochen. Ich muß noch einmal betonen, wie wichtig es ist – ob mit oder ohne Meditation – stets ein gütiges Leben zu führen, indem man sich immer um eine reine Motivation bemüht und Rede, Handlung und Lebenserwerb lauter hält. Jeder, der diesen Lebensstandard erreicht, ist ein edler Mensch, ob er nun meditiert oder nicht. Die Grundlage von allem ist immer unsere Motivation. Wenn wir uns ständig, bei jedem Schritt, den wir tun, prüfen könnten, so würden wir ganz gewiß schon nach nur einem Monat eine große Verbesserung in unserem Leben bemerken.

Viele Menschen halten diese Dinge für nicht machbar und für bloße Theorie, da ja, so pflegen sie zu sagen, die Bedingungen in der Welt nun mal so sind, daß wir gar nicht überleben könnten, wenn wir hundertprozentig aufrichtig wären. Ich persönlich stimme mit dieser Auffassung nicht überein, Sie jedoch müssen selbst herausfinden, ob Sie diese Aussage für richtig halten oder nicht, und das können Sie nur, indem Sie versuchen Ihr eigenes Leben aufrichtig zu leben.

Wenn wir ein lauteres Leben führen und diesen Lebensstil über einen gewissen Zeitraum beibehalten, so werden wir finden, daß Umstände und Bedingungen nachgiebiger werden und daß ursprünglich vielleicht hindernde Kräfte sich verwandeln und allmählich mit unserer Lebensweise harmonisieren. Falls wir willens sind, dieses Experiment zu machen, so ist es durchaus der Mühe wert, es mindestens ein oder zweimal im Leben zu versuchen, und wir werden auf die eine oder andere

Weise jedesmal Ermutigung finden, damit fortzufahren. Auf diese Weise, indem wir reiner und reiner werden, verbessern wir allmählich unser Leben, es wird leichter für uns, und wir stoßen auf immer weniger Konflikte und Widersprüche, die unseren Weg blockieren könnten. So wird unser Geist stetig stärker und wir gewinnen zunehmend Stabilität.

Diese Übungen dürfen nicht bloße Theorien bleiben, sie müssen integraler Bestandteil unseres täglichen Lebens werden. Welchen Nutzen könnte die Meditation schließlich haben, wenn wir uns nicht bemühen, diese vorbereitenden Schritte zu üben. Meditation allein kann uns nicht schlagartig verändern. Wir müssen uns selbst ein Ziel setzen und dran bleiben, indem wir Schritt für Schritt vorgehen. Wenn wir reisen wollen, brauchen wir ein Fahrzeug, aber sobald wir angekommen sind, bleiben wir nicht länger im Fahrzeug sitzen. Es war nur von zeitweiligem Nutzen, und jetzt, da es seinen Zweck erfüllt hat, verlassen wir es und gehen einfach weiter. Ebenso müssen sich alle, die meditieren wollen, an viele seit altersher bewährte Regeln, Übungen und Bedingungen halten, die sich als Vorbereitungen zur Meditation als absolut notwendig erwiesen haben. Der Anfänger sollte diese Dinge sehr sorgsam beachten, später kann er sie dann hinter sich lassen. Und vielleicht ist es auch gut, an die Aussage weiser Menschen zu erinnern, daß selbst ein ganzes, nur diesen Vorbereitungen gewidmetes Leben, wahrlich wertvoll zu nennen ist.

FRAGEN UND ANTWORTEN

Zu Beginn erwähnten Sie den mārga *und den* darśana-*Aspekt des* prajñā-pāramitā-sūtra. *Der* mārga-*Aspekt wurde von Asaṅga kommentiert und scheint eine Methode für die Meditation zu sein. Der* darśana-*Aspekt, sagten Sie, wurde von Nāgārjuna kommentiert. Ist der* darśana-*Aspekt auch eine Meditationsmethode?*

Darśana heißt Philosophie. Die buddhistische Tradition besteht aus zwei Teilen: Meditation und Philosophie. Der philosophische Teil wurde von Nāgārjuna dargelegt und der Meditations-Teil von Asaṅga, der auf diesem Gebiet als Experte galt.

Sie sagten, daß die Augen während der Meditation nicht geschlossen werden sollten. Ich persönlich finde es angenehmer, sie zuzumachen.

Wenn Sie es unbequem oder gar unmöglich finden mit offenen Augen zu meditieren, dann können Sie, um es sich am Anfang zu vereinfachen und trotzdem das Schließen der Augen zu vermeiden, den Raum verdunkeln. Während der Meditation die Augen zu schließen ist nicht empfehlenswert.

Wird das Offenhalten der Augen empfohlen, um zu verhindern, daß man einschläft?

Das mag natürlich ein Grund sein. Doch der Grundsatz, der hinter dieser Regel steht, ist, daß die Meditation mit geschlossenen Augen (die für einen Anfänger vielleicht leichter sein mag) den Meditierenden stört, wenn er eine weiter fortgeschrittene Stufe erreicht.

Muß man die Augen ganz offen oder halb geschlossen halten?

Man schaut einfach direkt vor sich auf den Boden. Man kann dann sagen, daß die Augen halb geschlossen sind. Schauen Sie nicht in die Ferne, wenn Sie meditieren.

Wenn man die Augen offen hält, richtet man sie dann auf einen Punkt?

Nein, richten Sie die Augen nicht auf einen Punkt, das würde sie anstrengen und schließlich ermüden. Halten Sie die Augen einfach halb offen, ohne den Versuch etwas anzuschauen, und richten Sie den Blick vor sich nach unten auf den Boden.

Würden Sie sagen, daß das Offen- oder Geschlossenhalten der Augen auf den Geist eine jeweils unterschiedliche Wirkung ausübt?

Ja, so ist es. Wie ich schon gesagt habe, schließt man sich, wenn man die Meditation mit geschlossenen Augen beginnt, vom Sehen ab, und deshalb ist es weniger schwierig, Konzentration zu erlangen. Andererseits würde man sich dann sofort gestört fühlen, sobald man aus irgendeinem Grunde während der Meditation die Augen öffnen würde. Darum wird den Meditierenden empfohlen, ihre Sinnesorgane wach und offen zu halten.

Sie sagten, daß das Umfeld nachgiebiger wird, wenn die eigene Lauterkeit zunimmt. Würden Sie das bitte weiter ausführen?

Man kann feststellen, daß das Individuum mit seiner Umwelt nahezu immer im Kampf liegt. Wenn die Umwelt auf einen Menschen einwirkt oder ihn beeinflußt, dann ist dieser Mensch schwach. Ein Mensch, der imstande ist sein eigenes Umfeld zu gestalten, ist stark. Große Menschen, die in einem schlechten Umfeld leben, erheben häufig allein durch ihre Gegenwart dieses Umfeld und verwandeln es in einen guten Ort. In einem solchen Fall gibt die Umwelt nach, weil die Lauterkeit, die von diesem Menschen ausstrahlt, die Umgebung beeinflußt, die durch diese Schwingungen veredelt wird. Ich bin sicher, daß man Probleme mit seiner Umwelt bewältigen kann, wenn man rein genug ist, sonst allerdings würde es wohl schwierig sein.

Ich verstehe, was Sie gesagt haben, und es ist einleuchtend, daß man ein hohes Stadium an Reinheit erlangen muß. Was aber ist rein und was ist unrein? Es scheint dafür keine eindeutigen und festen Regeln zu geben. Und es ist schwer zu entscheiden, was zu gegebener Zeit die reine und richtige Handlung ist, was man also tun sollte.

Ja, das kann ein Problem sein. Nach den buddhistischen Lehren werden die Eigenschaften Reinheit oder Unreinheit, Richtigkeit oder Falschsein an der Gewalttätigkeit oder Gewaltfreiheit einer Handlung gemessen. Jede Handlung, die einem fühlenden Wesen direkt oder indirekt Schaden zufügt, muß als unrein oder falsch gelten. Eine Handlung, die kein fühlendes Wesen schädigt, hält man für neutral. Eine Handlung, die direkt oder indirekt hilfreich oder nützlich ist, gilt als reines oder richtiges Handeln.

Soll ich auch dann die Wahrheit sagen, wenn ich weiß, daß sie den anderen verletzen wird? Wäre das nicht auch ein Akt der Gewalttätigkeit, des Verletzens?

Das ist oft sehr schwierig zu beurteilen. Wenn man jemanden verletzen muß, um ihm indirekt zu helfen, dann sollte man es tun. Wenn es ihm jedoch nicht helfen wird, sollte man es unterlassen. Jeder individuelle Fall muß immer nach seinen eigenen inneren Gegebenheiten beurteilt werden. Wenn Ihre Absicht aufrichtig und lauter ist, dann werden Ihr Urteil und auch Ihre Rede stimmig sein. Gelegentlich mag es auch vorkommen, daß man einem Menschen hilft, indem man ihm nicht die Wahrheit sagt. Auch das ist in Ordnung und unter Umständen völlig angemessen. Nehmen Sie den Fall eines Menschen, der von einem anderen verfolgt wird, der die Absicht hat, ihn zu töten. Sie sind auch da und sehen den Flüchtenden in einem bestimmten Haus verschwinden. Der Verfolger, der die Spur seines Opfers verloren hat, kommt nun zu Ihnen und fragt Sie, ob Sie den anderen gesehen haben und wohin er gegangen ist. Würden Sie dem Verfolger die Wahrheit sagen? Es ist eine Frage des Unterscheidungsvermögens. Wenn die eigene Motivation rein und selbstlos ist, wird man früher oder später Weisheit erlangen.

III

(In der Folge ist häufig von der Gesamtheit oder Ganzheit des Geistes im Gegensatz zum denkenden Geist die Rede. Gemeint ist in jedem Fall ein Zustand, in dem alle Schichten unseres Geistes – auch die für normale Menschen gewöhnlich unzugänglichen Anteile – zu einer Ganzheitserfahrung zusammenkommen. Dieser Zustand läßt sich ausschließlich durch meditative Versenkung und Einsrichtung des Geistes im hier erklärten Sinn erreichen. Unser gewöhnliches Wach- und sogar Traumbewußtsein findet ausschließlich auf der Ebene des konzeptuellen, denkenden Geistes statt und ist daher – nach buddhistischer Vorstellung – äußerst begrenzt. Anm. d. Übers.)

WIR WOLLEN uns nun mit dem Objekt der Konzentration und den Methoden der Konzentration befassen. Der Geist des Anfängers ist so sehr konditioniert, daß er ihn ohne die Hilfe eines Objektes, auf das er sich konzentriert, nicht zur Sammlung bringen kann. Er braucht eine Methode oder einen Lehrer.

Im besprochenen Meditationssystem – der Vollendung von *śhamatha* und *vipassanā* – ist das zur Konzentration gewählte Objekt von Person zu Person verschieden. Jeder muß das bevorzugte Objekt für sich selbst suchen und schließlich das wählen, was ihm am passendsten scheint. Die Unterweisungen und Richtlinien bezüglich des Objekts gelten natürlich nur für die ernsthaften Schüler, die bereit sind solange zu meditieren, bis sie wirkliches *śhamatha* erreicht haben. Für gelegentlich Meditierende, die lediglich für ein paar Wochen einen Kursus belegen, kann die Entscheidung für ein passendes Objekt schnell getroffen werden. Jemand, der jedoch vollständige Konzentration erlangen will, muß bei der Wahl seines Objektes große Sorgfalt walten lassen, denn bei einer falschen Entscheidung steht die gesamte Meditation auf dem Spiel.

Im allgemeinen lassen sich die zur Wahl stehenden Objekte in zwei Gruppen einteilen. Die erste Gruppe besteht aus jenen Konzentrationsobjekten oder -punkten, die im Zusammenhang mit der Natur des inneren Körpers stehen, wohingegen die Objekte der zweiten Gruppe in Beziehung zum äußeren Körper stehen. Die Konzentration auf den Atem und auf die Bewegung des Atems sowie die Konzentration auf den Geist selbst gehören zur ersten Gruppe. Ist jemand auf dem Pfad bereits fortgeschritten, mag er von Anfang an mit der Meditation auf den Geist selbst beginnen, was sich auch auf einer späteren Stufe als nützlich erweisen wird, denn früher oder später müssen wir alle auf die Natur des Geistes meditieren. Diese Meditation ist unser höchstes Ziel. Für Anfänger jedoch ist diese Konzentrationsform schwierig, da es nahezu unmöglich ist, sich ein Bild oder eine Vorstellung vom Geist zu machen. Aus diesem Grunde werden noch weitere Konzentrationsobjekte zur Auswahl gestellt. Für manche Menschen ist die Konzentration auf den Atem eine gute Alternative. Der Atem ist eng mit dem Wohlbefinden des Körpers verbunden, und wenn man ihn als Konzentrationsobjekt wählt, so hält er ziemlich leicht die Aufmerksamkeit des Geistes. Aber der Atem hat auch eine schwierige Seite: Er ist ständig in Bewegung. Wenn er sich jedoch bewegt, läßt man den Geist sich einfach mit ihm bewegen. Mit anderen Worten: Man synchronisiert die Bewegung des Geistes mit der Bewegung des Atems, und wird dabei feststellen, daß die Natur eben dieser Bewegung den Geist stetig werden läßt. Andere wiederum ziehen es vor, ihre Aufmerksamkeit beim Ein- und Ausatmen auf das Heben und Senken der Brust zu richten. Es gäbe noch weitere Arten, wie man sich auf den Atem konzentrieren kann, doch brauchen wir jetzt nicht so weit ins Detail zu gehen.

Die anderen Objekte, die sich auf die Phänomene außerhalb des Körpers beziehen, lassen sich wiederum in zwei Gruppen unterteilen, nämlich die, die sich auf Klang und die, die sich auf Formen beziehen. In der ersten Kategorie konzentriert sich der Meditierende zum Beispiel auf den Klang einer besonderen *akshara* oder Silbe – etwa auf *A* oder *Aum* – und erschafft ein geistiges Bild dieses Klangs. Er hört den Klang nicht physisch, aber er konzentriert sich auf ihn. Bei der zweiten Kategorie äußerer Objekte kreiert der Übende beispielsweise das geistiges Bild einer Gottheit oder vielleicht visualisiert er einfach einen *bindu* oder Punkt (zum Beispiel einen Punkt aus Licht), der weder zu strahlend noch zu trüb ist. Es ist nicht unbedingt nötig, daß der Meditierende eine Darstellung der Gottheit als Ausgangspunkt der Konzentration nimmt, doch manche Menschen mögen das. Buddhisten empfehlen für den Anfänger im allgemeinen ein Bild des Buddha, da es uns nicht nur als Konzentrationsobjekt dient, sondern uns gleichzeitig an unsere Buddha-Natur erinnert. Eigentlich kann jedes Bild als Objekt der Konzentration benutzt werden, haben wir jedoch einmal unsere Wahl getroffen, sollten wir beharrlich bei diesem einen Objekt bleiben und es nicht wechseln bis wir *śhamatha* erlangt haben, wie lange es auch dauern mag.

Das Meditationsobjekt sollte auf jeden Fall sehr sorgfältig gewählt werden. Ein Mensch, der zum Beispiel sehr stark unter dem Einfluß seiner Anhaftungen (*raga*) steht, sollte ein häßliches Objekt wählen, für das er wahrscheinlich keine Leidenschaft oder Anhaftung entwickelt. Ein Mensch, der leicht ärgerlich wird, sollte ein geistiges Bild von der besänftigenden Schönheit der Natur erzeugen und sich darauf konzentrieren. Ein Mensch, der unter ständiger und schneller Bewegung der Gedanken leidet, sollte einen Gegenstand wählen bei dem er nicht viel denken muß. In einer anderen Methode richtet man sich nach seinen natürlichen Vorlieben, um das richtige Objekt zu finden. Manche Leute fühlen sich zum Beispiel von strahlenden Gegenstände mehr angezogen, andere ziehen eher dunkle vor. Neigung und Wesen jedes Menschen sollten seine Wahl bestimmen.

Auf jeden Fall hat das Objekt für den, der sich darauf konzentriert, eine persönliche psychologische Wirkung. Aus diesem Grund schreiben die Lehrer das Konzentrationsobjekt niemals vor. Es gibt eine Geschichte von einem Menschen aus alter Zeit, der sich, so sehr er es auch versuchte, auf kein Objekt konzentrieren konnte. Eines Tages fragte ihn sein Lehrer: "Was hast du gemacht, als du jung warst?" Der Mann antwortete, daß er Kuhhirte gewesen sei und große Büffel gehütet habe. "Gut", sagte der Lehrer, "warum konzentrierst du dich nicht darauf? Warum konzentrierst du dich nicht auf den Kopf eines großen Büffels?" Die Geschichte berichtet weiter, daß der Mann, indem er dem Vorschlag seines Lehrers folgte, glücklich *śhamatha* verwirklichte.

Das Objekt mag also Teil der Körperfunktion oder ein Gegenstand außerhalb der Physis der Person sein. Doch was immer es auch ist, der wirkliche Wert liegt darin, daß das Bild geistig projiziert wird. Hat zum Beispiel jemand ein Bild des Buddha gewählt, so wird er nicht auf das äußere Bild meditieren. Er mag zwar vorher oder noch zu Beginn der Meditation das Bild anschauen, doch das wirkliche Objekt, auf das er meditiert, ist ein Bild, das er im Geist erzeugt. Das klar definierte Abbild des äußeren Gegenstandes (sei es eine Darstellung des Buddha, eine Gottheit, eine Silbe oder ein Lichtpunkt), das wir in unserem Geist erschaffen, ist das wahre Meditationsobjekt. Die *śāstras* sagen auch, daß nur das *pratibimba* in unserem *citta* – das Abbild des Objekts in unserem Geist, das weder mit den Augen gesehen noch mit den Ohren gehört wird – als qualifiziertes Meditationsobjekt angesehen werden kann.

Die Wahl des passenden Objekts ist eine so individuelle Angelegenheit, daß einem niemand, nicht einmal der eigene Lehrer, einen Rat erteilen kann. Wir können aber, indem wir jeden Tag mit einem anderen Objekt experimentieren, jene ausscheiden, die sich für unseren Zweck nicht eignen, und schließlich das finden, auf das wir über einen festgelegten Zeitraum meditieren können. Hat man unter den für die Meditation geeigneten Objekten seine Wahl getroffen, so experimentiert man mit dem gefundenen Gegenstand noch einmal, indem man sich auf ihn konzentriert, um herauszufinden, ob man ihn sich in allen Einzelheiten geistig vorstellen kann. Wird der Geist dabei abgelenkt und schläfrig, ist der Gegenstand nicht geeignet. Doch falls Sie merken, daß Ihre gesamte geistige Kraft munter und aktiv ist, wenn Sie an ihr Meditationsobjekt denken und es erinnern, dann ist es das richtige für Sie.

Nun müssen Sie die Farbe und Größe des Gegenstandes bestimmen. Einige bevorzugen ein kleines Objekt, andere ein großes. Sie müssen wieder experimentieren und die nötigen Anpassungen vornehmen. Gewöhnlich wird dem Anfänger geraten, daß sein Konzentrationsobjekt nicht größer sein sollte, als sein eigener Körper. Will er sich zum Beispiel auf einen Baum konzentrieren, so sollte er dessen Größe auf das Maß seines eigenen Körpers reduzieren. Andererseits sollte das Objekt auch nicht kleiner sein, als etwas, das man mit bloßem Auge noch leicht erkennen kann.

Der nächste Aspekt, der in Betracht gezogen werden muß, ist die Farbe des Objekts. Schwarz wird für ungünstig gehalten, jede andere Farbe jedoch ist geeignet. Man sollte dem eigenen Geschmack folgen, doch bevor man eine endgültige Wahl trifft, wieder mit mehreren Farben experimentieren.

Wenn man entscheidet, daß man sich auf Klang konzentrieren will, sollte man seine Wahl in der gleichen Weise treffen, wie bei den Formen. Bei alledem liegt die letzte Entscheidung immer bei einem selber.

Hat man sich für ein Objekt entschieden, muß man festlegen, wo und auf welcher Höhe man es plaziert, denn auch das ist ein wichtiger Aspekt in unserem Bemühen um das Erlangen von Konzentration. Für manche Menschen ist es hilfreich, das Objekt niedrig zu plazieren – manchmal sogar unterhalb von sich selbst – während andere es lieber höher visualisieren. Allgemein wird geraten, das Objekt so zu plazieren, daß man es anschauen kann, ohne den Kopf heben oder senken zu müssen.

Jetzt stellt sich die Frage, wie man sich ein geistiges Bild von dem Objekt macht. Angenommen Sie möchten sich die Darstellung des Buddha vorstellen. In diesem Fall sollten Sie die Darstellung in der Nähe haben und sie vor Beginn Ihrer Meditation genau anschauen. Dann schließen Sie die Augen und versuchen sich zu erinnern, wie die Darstellung aussieht. Öffnen Sie nach einer Weile die Augen, und schauen Sie wieder auf die Darstellung, dann schließen Sie sie wieder und versuchen noch einmal sie sich vorzustellen. Wiederholen Sie diesen Vorgang solange, bis sie ein klares Bild der Darstellung in ihrem Geist haben. Wenn sie so weit sind, sollten Sie aufhören das äußere Objekt noch weiter zu betrachten. In dem speziellen Meditationssystem, das ich hier darlege, sollte der Meditierende das Objekt nicht mehr in der Nähe haben, sobald er imstande ist, es sich deutlich im Geist vorzustellen.

Ab diesem Augenblick beginnt unsere Übung der Konzentration. Wir müssen uns nun damit befassen, wie wir unseren Geist sammeln und uns konzentrieren, wie wir also unsere volle Aufmerksamkeit erschließen und auf das Objekt richten. Die Konzentration auf ein Objekt während der Meditation ist weder Denken, in der gewöhnlichen Bedeutung des Wortes, noch ist sie Wahrnehmung. Sie ist direkter Kontakt, eine vollständige Sammlung der Aufmerksamkeit auf das Meditationsobjekt. Für einen Anfänger ist es schwierig, einen ungeteilten Geist zu erlangen, denn er ist noch nicht imstande, zwischen Denken und meditativer Aufmerksamkeit zu unterscheiden. Meditative Aufmerksamkeit kommt oft in der Verkleidung des Denkens, und so brauchen wir manchmal das Denken, um beginnen zu können. Alles, bis zur Wahl des Objekts, war Denkvorgang, doch meditative Aufmerksamkeit, die auf das Objekt gerichtet ist, geht wesentlich weiter als bloßes Nachdenken über das Objekt.

Lassen Sie uns jetzt den Vorgang der Konzentration noch einmal Schritt für Schritt durchgehen. Sie schauen einen äußeren Gegenstand an und halten die Erinnerung an ihn in Ihrem Geist. Dann versuchen Sie die Erinnerung zu einem klaren geistigen Bild aufzubauen. Bis zu dieser Stufe haben Sie nur das Denken benützt. Doch jetzt findet ein Wechsel statt; Sie lassen das Denken fallen, und das Bild ruht im Bereich der ungeteilten Aufmerksamkeit ihres Geistes.

Denken ist ein bewegter Prozeß und kann nicht lange auf einem Gegenstand verweilen. Das ist der Grund, warum Denken das Bild verzerrt, und darum, ganz gleich wie Ihr Denken und Ihre geistigen Bilder beschaffen sein mögen, sind sie immer sehr verschieden von dem, was wirklich ist. Denken ist bloß Ihre eigene Interpretation dessen, was sie wahrnehmen. Wenn Sie zum Beispiel an einen Menschen denken, so wird Ihr Denken diesen Menschen nie berühren, denn der wirkliche

Mensch ist niemals im Denkprozeß. Wir können gegenwärtig an dieser Verwirrung nichts ändern, da wir völlig unter dem Bann der imaginativen geistigen Aktivität stehen. Würden wir alles Denken einfach abschneiden, so daß wir überhaupt nichts mehr dächten, dann könnten wir die Welt um uns herum nicht ausreichend wahrnehmen. Außerdem würde unsere ganze Persönlichkeit auseinanderfallen, und wir wären unfähig richtig zu funktionieren. Ohne den Denkprozeß kämen all unsere Aktivitäten zum Stillstand, denn unsere Handlungen sind von Worten und Gedanken beeinflußt und gesteuert.

Allem, was in unsere Wahrnehmung oder in unser Blickfeld kommt, geben wir Namen. Dieses Benennen oder Beschreiben von Ereignissen und Erfahrungen ist ein nützliches Mittel, um alles, was wir mit den Sinnen aufnehmen, innerhalb des Rahmens unseres begrenzten Verstehens zu klassifizieren und zu ordnen. Deshalb ist das Benennen für uns so wichtig. Es bedeutet aber, daß wir tatsächlich nichts so wahrnehmen können, *wie es ist*, da ein Geist, der innerhalb dieser Grenze funktioniert, kein offener ist. Folglich findet keine wirkliche Kommunikation statt, sondern nur eine relative Verbindung zwischen dem *was ist* und dem Vorrat an Erinnerungen, Worten und Klassifizierungen in unserem Geist. Von dieser Aktivität des Geistes ist unsere gesamte Persönlichkeit überflutet, und so treiben wir hilflos in einem Meer aus Einbildung und Illusion.

Buddhisten sprechen vom Zwei-Ebenen-System der relativen und der absoluten Wahrheit. Wie wir gerade gesehen haben, verläuft unser Leben, Handeln und Verhalten im Bereich des Relativen. Es ist nicht die absolute oder vollkommene Wahrheit, aber für uns ist es die Wahrheit. Schlägt mich zum Beispiel jemand mit dem Stock auf den Kopf, so kann ich nicht behaupten, daß das unwirklich sei, denn der Bambus trifft mich tatsächlich, und ich empfinde Schmerzen. Es ist eine Art von Wirklichkeit, die man nicht leugnen kann. Es ist eine Ebene der Wahrheit, eine oberflächliche oder relative Wahrheit. Die Frage ist, wo oder in welchem Bereich diese Ebene als Wahrheit gilt, und die Antwort ist: im Bereich unseres Denkens. Für unsere verblendeten und verwässerten Denkprozesse ist dies Elend, in dem wir leben, die Wahrheit.

Die andere Ebene ist die der absoluten Wahrheit, jenseits derer nichts mehr ist. Sie ist die Einheit, die Soheit.

Wir befinden uns zur Zeit zwischen diesen beiden Ebenen. Unser ganzes Leben ist bedingt durch den Bereich der relativen Wahrheit, wohingegen im Zustand des Absoluten, des Letztendlichen alles unbedingt ist. Die Verwandlung von der relativen Wahrheit zur Absoluten Wahrheit kann kein geplanter Prozeß sein. Die Menschen sind jedoch von Terminplänen so abhängig, daß sie vorgeplante Abläufe für unverzichtbar halten.

Im gegenwärtigen Zustand ist unser Geist zutiefst konditioniert. Wenn wir unsere individuelle Kraft – die Gesamtheit der Aufmerksamkeit – auf unser Meditationsobjekt, unser geistiges Bild, richten, geschieht es deshalb häufig, daß wir entweder das Bild durch unsere Gedanken verzerren oder die geistige Kraft durch unsere Denkabläufe schwächen. Das alles verdanken wir der zerstreuten Verfassung unseres Geistes. Es braucht Zeit bis wir zwischen meditativer Aufmerksamkeit und gewöhnlichem Denken zu unterscheiden lernen. Das letztere kann genutzt werden, wenn wir uns ernsthaft mit einem vor uns aufgestellten Bild beschäftigen. Das ist ein gewöhnlicher Denkvorgang. Das Ausrichten unserer Aufmerksamkeit auf das im Geist projizierte Abbild des Bildes dagegen ist Teil der Meditation.

Der Frage, welche Qualitäten der Geist aufweisen solle, wurde stets große Wichtigkeit beigemessen, und in diesem Punkt machen viele Menschen Fehler. Viele Möchtegern-Meditierende vergeuden in Ermangelung dieser Qualitäten ihre Zeit, gehen in die falsche Richtung und erreichen nichts. Aus diesem Grunde haben viele der früheren *ācāryas* die Wichtigkeit der Meditation negiert. Nach ihrer Meinung *ist* die Negation der Meditation wahre Meditation, ihre Bejahung hingegen eine Täuschung. Dies ist ein sehr subtiler Gesichtspunkt. Andere Lehrer haben jedoch Richtlinien für die Meditation aufgestellt, etwa, daß der Geist klar, aufmerksam und unverzerrt oder ungestört auf einen Punkt gerichtet sein solle.

Wenn wir versuchen uns danach zu richten, entdecken wir, was für ein Unruhestifter der Geist ist, wie zerstreut und wie unfähig er ist, sich ganz hinzugeben. Er ist so aktiv, daß er hundert Dinge zur gleichen Zeit tun will; seine Energie oder Kraft ist so zerstreut, daß er nichts so sieht, wie es in Wirklichkeit ist. Tatsächlich bewegt er sich so unablässig und schnell, daß alles, was von ihm wahrgenommen wird, bloß eine Täuschung ist. Wir können nichts deutlich sehen oder auch nur ein einziges Detail unverzerrt wahrnehmen. Es ist wie in einem schnell fahrenden Auto oder Zug zu sitzen. Wir sind nicht imstande irgend etwas draußen klar zu sehen, und es scheint, daß die Bäume und Strommasten an uns vorbeisausen. Wir wissen natürlich, daß es sich dabei um eine Illusion handelt – nicht die Gegenstände flitzen an uns vorüber, sondern wir bewegen uns so schnell.

Aufgrund des unsteten Zustandes unseres Geistes gelingt es uns nicht, die Natur der 'Soheit' zu erkennen. Der Geist muß zuerst beruhigt werden, und aus diesem Grunde meditieren wir. Durch die Meditation auf ein Objekt gewöhnen wir unserem Geist die ständige Bewegung ab und Stetigkeit an. Stetigkeit des Geistes ist natürlich auch ein Zustand, aber wir müssen diesen Zustand vorübergehend akzeptieren. Ein *ācārya* erklärte die Angelegenheit folgendermaßen: "Wenn man ein Stück Papier, das immer in eine Richtung aufgerollt wurde, glattstreichen will, so muß man es zuerst in die entgegengesetzte Richtung rollen."

Es ist gefährlich, den Geist in einen Zustand der Dumpfheit zu versetzen. Manche Leute denken, sie meditierten, wenn sie sich in ein Objekt versenken und in eine Art Dämmerzustand gleiten. Und da ihr Geist nicht länger zerstreut ist, glauben sie, sie hätten ihn stabilisiert. Doch man festigt seinen Geist nicht, indem man ihn in dieser Weise versinken läßt; im Gegenteil, das ist eine völlig falsche Herangehensweise an die Meditation, da in einer Praxis, die so ausgeführt wird, Klarheit und Aufmerksamkeit des Geistes verloren gegangen sind. Durch Abgleiten in diese Art Schläfrigkeit erlangen manche nach einer Weile eine gewisse Ruhe oder ein angenehmes Gefühl körperlicher und geistiger Behaglichkeit und Entspannung. Und wenn dieser Zustand für einen längeren Zeitraum aufrecht gehalten wird, kann selbst der Atem für einige Zeit zum Stillstand kommen, und die Übenden könnten sogar glauben, sie hätten den Zustand von *samādhi* erreicht. Aber das ist nicht der Fall. Wenn Menschen sich in einem derartigen Dämmerzustand befinden, daß Aufmerksamkeit, Wachheit, aktive Teilnahme und Klarheit des Geistes verlorengegangen sind, hat Konzentration keine Bedeutung und keinen Wert. Darüber hinaus verliert der Geist seine positiven Eigenschaften und wird vergeßlich, inaktiv und faul. Wir müssen daher von Anfang an jede Vorsichtsmaßnahme ergreifen, damit die Konzentration auf das Objekt von Aufmerksamkeit, Wachsamkeit, Klarheit und der aktiven Kraft eines anteilnehmenden Geistes begleitet wird. Wenn man den Geist unbehütet läßt, benimmt er sich wie ein Affe. Er verweilt niemals an einem Punkt, sondern eilt hierhin und dorthin. Diese Aktivität beginnt sich zu legen, wenn der Geist durch Konzentration auf ein Objekt Stetigkeit entwickelt. Es ist wichtig, daß die Energie des Geistes nicht verlorengeht oder sich zerstreut, sondern kanalisiert und auf ein Objekt gerichtet wird. Während des Vorgangs der Konzentration sollte der Geist beobachtet werden, um darauf zu achten, daß er sich nicht in unterschiedliche Richtungen bewegt.

Es mag scheinen, als ob der Geist sowieso geteilt wäre, da ein Teil dabei ist ein Bild zu erschaffen, während ein anderer Teil sich auf das Bild konzentriert. Wie ist es dann möglich, sich ungeteilten Geistes zu konzentrieren? Die augenscheinlichen Widersprüche, die auftreten, wenn wir Meditation erörtern, ergeben sich daraus, daß wir zur Erklärung metaphysischer Kräfte Worte gebrauchen. Jeder muß experimentieren und selbst herausfinden, wie sich die augenscheinlichen Widersprüche lösen lassen. Wenn man ernsthaft vorgeht, wird die Lösung von selbst offenbar.

Wie bereits gesagt, ist die Arbeit des Denkens beendet, sobald ein geistiges Bild geschaffen worden ist. Wenn Sie das Denken zurückziehen, werden Sie merken, daß Sie das Bild verlieren, weil das Bild nicht von Ihrem ganzen Geist sondern nur von Ihrem Denken gehalten wurde. Wenn Sie sich zum Beispiel ein geistiges Bild vom Buddha gemacht haben, so sollten Sie es mit der Kraft des voll konzentrierten Geistes aufrecht halten. Sie sollten es nicht als Einbildung behandeln, denn es ist nicht Gedanke. Tatsächlich sehen Sie es nicht einmal als Bild oder denken überhaupt nur an den Buddha. In Ihrem Kopf ist nicht das Wort 'Buddha', da es keine Erinnerung mehr gibt und Ihnen folglich dieser Name überhaupt nicht einfällt. Tragen Sie einfach das Bild in Ihrem Geist. Halten Sie es ohne Denken, Erkennen oder Worte. Ebenso sollten Sie, wenn es das Bild einer Lichtkugel ist, das Sie in Ihrem Geist geschaffen haben, nicht denken: 'Dies ist ein rundes Licht.' Es sollten Ihnen keine Gedanken, Worte, ja nicht einmal eine Erinnerung des Wortes 'Licht' einfallen. Gelingt es Ihnen, auf diese Weise in Ihrem Geist ein Bild zu erschaffen und zu halten, dann haben Sie Konzentration erlangt. Nachdem diese Fähigkeit für Sie ein Faktum geworden ist, werden Sie eine große Vorliebe und Neigung fürs Meditieren empfinden und sie werden es nie wieder aufgeben wollen.

Wenn wir ein Bild anschauen, wird es in den Augen widergespiegelt. Man könnte sagen, daß das Bild innerlich durch die Augen gesehen wird. Die Augen nehmen die Gesamtheit des Bildes wahr und nicht seinen symbolischen Gehalt. Dann mischt sich das Denken ein und identifiziert das Bild als Gemälde eines Berges von einem bekannten Künstler und drängt einen vielleicht, es zu kaufen. Das Auge selbst jedoch hat kein Unterscheidungsvermögen, es sieht nur das Bild. Der profane Geist verzerrt äußere Gegenstände und genau dasselbe geschieht auch während unserer Konzentrationsversuche. Wir erschaffen kraft unserer Aufmerksamkeit ein Bild und richten dann ohne Denken oder irgendeine andere Störung unsere gesamte Aufmerksamkeit darauf. Ist das geschehen, sollten wir das Bild mit der vollen Konzentration eines ungeteilten Bewußtseins halten. Alles andere wird zurückgewiesen. Das ist schwer, und wir müssen es immer wieder versuchen. Aber irgendwann werden wir plötzlich merken, daß wir auf einmal, vielleicht nur für eine Sekunde, imstande sind, uns richtig zu konzentrieren, bevor der Geist wieder abgelenkt ist.

Wir haben untersucht, wie man die für die Meditation nötige Konzentrationskraft erlangt. Jetzt werden wir einen Schritt weitergehen, und herauszufinden suchen, wie wir diesen Geist in seiner Ganzheit nach Belieben einsetzen oder anwenden können. Der Geist des durchschnittlichen Menschen ist schwach, doch die Natur des Geistes selbst ist nicht schwach. Das Buddha-Bewußtsein und das Bewußtsein des kleinsten Insektes sind in ihrer Essenz nicht verschieden: Geist ist Geist, und seine Natur ist äußerst klar. Der Buddha war imstande die Ganzheit seines Geistes einzusetzen, wann immer er wollte, er hatte, mit anderen Worten, volle Befehlsgewalt über die Gesamtheit seines Geistes oder Bewußtseins. Insekten und selbst gewöhnliche Menschen besitzen diese Fähigkeit nicht. Es ist eine Tatsache, daß die meisten Menschen nur einen sehr begrenzten Teil ihres Geistes nutzen, während der große Rest ungenutzt bleibt. Die Natur unseres Geistes jedoch ist nicht schwach, denn er besitzt das Potential, die Buddhaschaft zu erlangen, den höchsten Bewußtseinszustand, den der Mensch erreichen kann. Es ist die Absicht der Meditation, den Geist durch Kontrolle zu üben, um ihn schließlich zu beherrschen. Die meisten von uns werden von ihrem Geist beherrscht oder, um genau zu sein, von einem Teil des bruchstückhaften und geschwächten Geistes. Daher muß unsere Meditation von Anfang an damit beginnen, den Geist zu kontrollieren, indem man die gesamte Aufmerksamkeit auf einen Punkt richtet. Haben wir darin Vollendung erlangt, können wir unser Konzentrationsobjekt wechseln und unsere meditativen Praktiken auf ein weiteres Feld ausdehnen.

Während der Konzentration sollte der Atem normal fließen. Buddhistische Meditierende benutzen zur Normalisierung des Atems häufig die Methode des neunmaligen Ein- und Ausatmens auf folgende Weise: 1) *Atmen* Sie durch das *linke* Nasenloch *ein,* halten Sie dabei das rechte Nasenloch verschlossen; *atmen* Sie durch das *rechte* Nasenloch *aus,* halten Sie dabei das linke Nasenloch verschlossen. Wiederholen Sie diesen Teil dreimal. 2) Atmen Sie nun dreimal normal durch beide Nasenlöcher ein und aus. 3) *Atmen* Sie jetzt durch das *rechte* Nasenloch *ein,* halten Sie dabei das linke Nasenloch verschlossen; *atmen* Sie durch das *linke* Nasenloch *aus*, halten Sie dabei das rechte Nasenloch verschlossen. Wiederholen Sie auch diesen Teil dreimal. Die Schritte 1, 2 und 3 bilden zusammen eine Übung und sollten neunmal wiederholt werden. Nach Stufe 3 kann Stufe 2 wiederholt werden, dann wieder die Stufen 1, 2 und 3, und so weiter. Sie können mit dieser Übung fortfahren bis Ihr Atem seinen normalen Rhythmus gefunden hat.

Diese Atemübung hilft auch eine durch Erkältung verstopfte Nase wieder freizubekommen. Es gibt noch eine weitere Methode, um eine verstopfte Nase freizumachen, die von vielen Yogis angewendet wird. Ist das linke Nasenloch verstopft, so legen Sie etwas Hartes in ihre rechte Achselhöhle und halten es dort einige Minuten lang sehr fest, bis die Nase frei ist. Wenn das rechte Nasenloch verstopft ist, sollte der harte Gegenstand unter die linke Achselhöhle gepreßt werden. Man kann das sehr gut mit der Rückenlehne eines Stuhls machen. Es ist wichtig, daß die Nase frei ist, verstopfte Nasenlöcher nämlich stören die Praxis der Meditation empfindlich. Das Atmen durch den Mund ist nicht gut und wird für die Meditation nicht empfohlen. Wenn Sie Meditation praktizieren wollen, sollten Sie sehr auf eine gute Gesundheit achten.

FRAGEN UND ANTWORTEN

Welche Rolle spielt die Willenskraft in der Meditation? Ist sie hilfreich?

Für alles, was man tun will, ist ein gewisses Maß an Willenskraft notwendig, Meditation eingeschlossen. Doch Willenskraft allein kann die Arbeit nicht für Sie tun. Ohne ständige Übung können Sie Konzentration nicht erlangen.

Kann es die Wahrnehmung einer Buddha-Statue ohne eine Bewegung des Denkens geben – reine Wahrnehmung, die einfach nur das Auge und die Statue einschließt?

Ja.

Aber es gibt dann keine Statue, sondern einfach ein Bild im Geist?

Genau.

Aber das Bild ist Gedanke. Es mag vielleicht nicht bewegtes Denken sein, aber es ist Gedanke. Das Bild wird vom Denken geschaffen, wohingegen die äußere Statue nicht vom Denken geschaffen wird, außer vielleicht indirekt.

Wir können die Ganzheit unseres Geistes nicht auf ein äußeres Objekt konzentrieren, und deshalb erschaffen wir ein geistiges Bild. Nach der Erschaffung dieses geistigen Bildes hört die Bewegung des Denkens auf. Nun verschwindet, sobald die Bewegung des Denkens aufhört, im gewöhnlichen Verlauf auch das Bild, da es Denken ist. Wenn wir uns jedoch in meditativer Konzentration mit der gesamten Fülle unseres Geistes auf das Bild konzentrieren, so ist die Ganzheit des Geistes einbezogen und diese ist ihrer Natur nach nicht mehr Denken: Es ist die Klarheit des Geistes, die das Bild hält. Mit anderen Worten: Wenn wir imstande sind ein Bild mit der Ganzheit unseres Geistes zu erfassen, so ist dieses Bild nicht Denken, sondern Geist. Der Geist ist in diesem Augenblick nicht Denken.

Aber benötigt der Geist ein Bild?

In tiefer Meditation kann der Geist sich auf den Geist selbst konzentrieren. Die meisten Menschen jedoch benötigen ein Bild als Konzentrationshilfe. Das vom Denken geschaffene Bild wird zu einer Art Einladung für den Geist, sich zu konzentrieren, und wenn der Geist sich absichtlich sammelt, löst sich das Denken in der Gesamtheit des Geistes auf. Doch die Auswirkung des Gedankens bleibt weiter bestehen, und daran hält sich der Geist, um nicht abgelenkt zu werden. Auf einer späteren Stufe werden Sie entdecken, daß das geistige Bild eine Realität und die Konzentration des Geistes eine Wahrnehmung geworden ist.

Ist die Erinnerung im Gehirn oder im Geist gespeichert?

Ich weiß nicht, wie die Wissenschaft diese Frage beantwortet, doch die buddhistische Literatur spricht nicht über das Gehirn, sondern nur über das Organ Geist. Wie immer unsere Erfahrungen auch beschaffen sein mögen, sie hinterlassen einen Eindruck in der grundlegenden Kontinuität des Geistes, die wiederum von der Dauer des Organs abhängt. Wenn also das Organ einem Wandel unterliegt, geht die Kontinuität verloren. Einige Eindrücke, die es empfangen hat, sind jedoch sehr tief, und diese sind es, an die sich die Menschen manchmal in ihrem nächsten Leben erinnern können.

Hat Kleidung einen Einfluß auf die Meditation?

Ja, tragen Sie immer lockere, bequeme Kleidung, da enge Kleidung, die den Körper einschnürt, Verspannung erzeugt.

IV

WIR HABEN bereits die grundlegenden Stufen der Konzentration erörtert – wie man das Bild eines Gegenstandes in den Geist projiziert, und wie man sich auf dieses Bild mit der Vollständigkeit oder Ganzheit des Geistes konzentriert. Wir werden bei demselben Thema bleiben und nun besonders die folgenden Punkte besprechen:

1. Die Hindernisse auf die der Anfänger stößt, wenn er beginnt sich zu konzentrieren;
2. wie diese Hindernisse sich zeigen;
3. wie man weiter in Richtung des Zieles, der Vollendung von *śhamatha*, voranschreitet.

Wir haben erwähnt, daß Konzentration mit einem völlig einsgerichteten Geist oder, mit anderen Worten, mit großer Klarheit und der gesamten uns zur Verfügung stehenden Geisteskraft praktiziert werden sollte. 'Klarheit' bezieht sich nicht auf die Deutlichkeit des Bildes, das der Anfänger in seinen Geist projizieren muß. Anfangs mag das Bild verschwommen oder unstet sein, und der Meditierende sollte nicht allzuviel Zeit darauf verwenden, es deutlich zu machen. Das ist auf dieser Stufe nicht erforderlich. Aber als Stützpunkt für seine Konzentration muß er es dennoch benutzen. Der Geist selbst hingegen muß absolut klar sein, frei von Verschwommenheit oder

Bewölktheit, denn nur mit einer derartigen geistigen Klarheit kann das Objekt gespiegelt werden. Wenn diese Klarheit des Geistes mit der vollen Kraft eines einsgerichteten Geistes verbunden wird, der ausschließlich auf ein Objekt gerichtet ist, ist auch die für das Halten des Objekts notwendige Energie vorhanden. Schon eine einzige Sekunde Faulheit oder Schwanken in diesem Prozeß bedeutet einen Verlust an Energie. Das wirkliche Problem besteht jedoch darin, daß es dem Anfänger, sobald er in der Lage ist, sich auf einen Gegenstand mit der nötigen geistigen Qualität zu konzentrieren, unmöglich scheint zu meditieren. Und genau an diesem Punkt ist er vielleicht enttäuscht und gibt auf, weil er wirklich glaubt, daß es ihm nicht möglich ist zu meditieren. Aber tatsächlich ist es durchaus nicht unmöglich, und der ernsthafte Meditierende sollte durchhalten.

Es gibt zweierlei Hindernisse, die auftreten. Das erste ist die Ablenkung des Geistes. Der Geist lehnt sich auf, da er sich nicht disziplinieren und auf ein Objekt konzentrieren lassen will. Außerdem wird er von vielen Gedanken behindert, denn er ist von Natur aus zerstreut. Diese Ablenkung des Geistes ist das hauptsächliche Problem am Anfang. Später erscheint ein weiteres Hindernis: Der Geist verliert seine Klarheit und Energie. Dies geschieht, weil er in dem Gegenstand der Konzentration versinkt. Der entsprechende Fachausdruck im Sanskrit ist *nimagnatā* und bedeutet 'absinken'. Dieser Zustand birgt eine große Gefahr. Da viele Anfänger fälschlicherweise annehmen, daß der Geist jetzt stetig wird, machen sie nämlich mit dieser schädlichen Praxis weiter.

Geistige Ablenkung läßt sich leicht ausmachen, relativ schwer hingegen ist das Absinken des Geistes zu erkennen, da der Unterschied zwischen dieser Verfassung und wirklicher Meditation nur ein sehr subtiler ist. Hier muß der Meditierende folglich besonders wachsam sein und gleich zu Anfang seine

Vorsichtsmaßnahmen treffen. Bei dieser Gelegenheit muß er Willenskraft aufwenden, die Willenskraft, wachsam zu bleiben und sorgfältig die Konzentration des Geistes zu beobachten. Es ist eigentlich nicht so sehr das Wachen über den Verlauf der Konzentration (da dies leicht zu einer zusätzlichen Ablenkung des Geistes führen kann), sondern eher ein unbeteiligtes Danebenstehen und sich Bereithalten, das Auftreten von Störungen zu bemerken.

Es ist ratsam die beiden folgenden vorbeugenden Maßnahmen zu ergreifen. Die erste ist Erinnerung (*smṛti*), die zweite ist Erkennen (*saṃprajñāta*). *Saṃprajñāta* bedeutet Wissen um oder Erkennen von Störungen. Dabei geht man folgendermaßen vor. Sammeln Sie, bevor Sie sich in Konzentration begeben, zuerst die Kraft Ihrer Erinnerung, damit sie Sie alarmieren kann, sobald im Geist Denken aufkommt. Das ist sehr wichtig, denn während der Geist konzentriert oder einsgerichtet beim Objekt oder genauer beim Abbild des Objekts im eigenen Geist verweilt, ist das Denken, das zu jenem Zeitpunkt im Geist aufkommen kann, sehr schwer zu erkennen. Gewöhnlich nimmt der Meditierende Gedanken in seinem Geist erst lange nach ihrem Auftreten wahr. Das zeigt, daß die Kraft der Erinnerung, die ja in dem Augenblick einschreiten sollte, wo Denken den Geist durchdringt, etwas schwächlich ist. Ganz am Anfang läßt sich ein aufkommender Gedanke leicht erkennen, da man ja bemerkt, daß das Bild des Objekts aus dem Geist verschwunden ist – damit ist es mit der Konzentration aus und vorbei, und man muß von vorne beginnen. Auf einer späteren Stufe, nachdem der Anwärter eine zeitlang kontinuierlich geübt hat, wird das Problem eher schwieriger, weil sich das Denken dann mit diebischer Geschmeidigkeit einschleicht und sich, ohne das Bild im Geist des Meditierenden auch nur im Geringsten zu stören, mit vielerlei Dingen beschäftigt. Der Meditierende 'konzentriert' sich mittlerweile weiterhin und hält mit dem größten Teil seines

Geistes weiter das Bild. Das Problem ist jetzt eindeutig schwieriger zu erkennen und zu verhindern, da das Erinnerungsvermögen immer noch nicht genügend stark ist, um den Meditierenden zu warnen. Daher wird auf dieser zweiten Stufe, auf der der Meditierende schon ein wenig fortgeschrittener ist, die Aufgabe, das Erinnerungsvermögen aufs Neue zu beleben, überaus wichtig.

Es ist interessant anzumerken, daß es ganz am Anfang nicht sonderlich schwierig ist, sich zu konzentrieren, und daß am Ende, wenn *śhamatha* erlangt wurde, alle Probleme von selbst ein Ende nehmen. Die Schwierigkeiten tauchen also nur auf, wenn der Meditierende teilweise fortgeschritten ist, und folglich muß man besonders auf den mittleren Stufen der Entwicklung die notwendige Fürsorge walten lassen und entsprechende Vorsichtsmaßnahmen ergreifen.

Etliche Monate vergehen, bis der Anfänger von seinem Lehrer oder aus Büchern genug gelernt hat, um mit den notwendigen Vorbereitungen zu beginnen. Weitere Zeit verstreicht, bis er seine Vorbereitungen beendet und sich für sein Objekt der Konzentration entschieden hat. Wenn er dann endlich beginnt, sich zu konzentrieren, wird er feststellen, daß er ungefähr zwei Wochen lang überhaupt nichts erreicht. Er wird vielleicht nur für wenige Sekunden eine gewisse Konzentration erreichen. Fährt er fort wird er das Gefühl haben, daß die Gedanken, die durch seinen Geist rasen, zahlenmäßig stark zunehmen. Sie scheinen tatsächlich das Maß, daß der Geist vor dem Versuch sich zu konzentrieren gewöhnt war, immer mehr zu übersteigen. 'Was mache ich verkehrt?' dürfte er sich nun fragen. 'Bevor ich mit meiner Konzentration begann, hatte ich einen relativ ruhigen Geist, doch jetzt ist er von Gedanken aufgewühlt.' In Wirklichkeit jedoch ist das nicht der Fall. Es ist eine Tatsache, daß ein Mensch, der nicht meditiert, niemals erkennt, wieviele Gedanken tatsächlich in seinem Geist entstehen. Sobald er jedoch beginnt sich zu konzentrieren, bemerkt er plötzlich jeden Gedanken, da er schlaglichtartig hervorgehoben wird.

Durch Konzentration wird sich der Anfänger der immensen Menge von Gedanken bewußt, die in seinem Geist ein- und ausgehen, und hier beginnt die eigentliche Anstrengung. Sobald der Aspirant in seinem Geist ein Bild vom Gegenstand seiner Wahl hergestellt hat, kommt das Denken und wird es zerstreuen. Dann baut er das Bild wieder auf, nur um es nahezu augenblicklich wieder zu verlieren, weil ein weiterer Gedanke auftaucht; und so geht es weiter. Auf dieser Stufe ist ein Lehrer nötig, der den Meditierenden anleiten kann. Es kann auch vorkommen, daß der Meditierende in seinem Versuch, die Kräfte seiner Erinnerung und seines Erkennens wach zu halten, übereifrig oder in seiner Konzentration zu angespannt ist. Wenn das geschieht, wird er ebenfalls seine Fähigkeiten zu Erinnerung und Erkennen verlieren. Daher ist eine wohlausgewogene Anwendung all dieser Fähigkeiten – Konzentration, Erinnerung und Erkennen – absolut notwendig.

Man könnte dieses Problem der Feineinstellung mit einem Drahtseilakt vergleichen. Nur ein geübter Mensch kann auf dem Seil gehen, und dabei hält er einen Schirm in der Hand, um sein Gleichgewicht zu halten. In gleicher Weise sollte der Anfänger in der Meditation seine Aufmerksamkeit auf das Bild in seinem Geist (das Seil) konzentrieren, während er sich mit dem Schirm der Erinnerung und des Erkennens im Gleichgewicht hält, damit er einen in seinem Geist aufkommenden Gedanken sofort erkennt, sich augenblicklich erinnert und ihn – ohne sogar seine Haltung oder seine Aufmerksamkeit zu verändern – zurückweist und seine Konzentration mit einsgerichtetem Geist fortsetzt. Hier kann der Meditierende seine Willenskraft einsetzen, indem er kraftvoll in seinem Geist auftretende streunende Gedanken abschmettert und all seine geistige Energie wieder auf das Bild des Meditationsobjekts richtet. Aber gleichzeitig muß er sorgfältig darüber wachen, ob er dieselbe klare und kraftvolle Konzentration wiedergewonnen hat, die er besaß bevor der Gedanke in seinem Geist auftrat. Es könnte möglicherweise sein, daß sich das Bild sogar verbessert hat, und das wäre gut, doch hauptsächlich sollte man darauf achten, daß die Qualität der Klarheit und Kraft der Konzentration nicht abnimmt. Man sollte dieses 'Überwachen' nicht während des Prozesses der Konzentration anwenden, sondern unmittelbar davor oder danach.

Nachdem der Meditierende etliche Male ablenkende Gedanken zurückgewiesen und seine Konzentration wiedergewonnen hat, wird er eine Pause von fünf bis zehn Minuten brauchen. Er sollte eine Tasse Tee trinken, sein Gesicht mit kaltem Wasser erfrischen oder kurz an die frische Luft gehen, danach kann er mit seiner Übung weitermachen. Wenn die Pause noch keine Erholung brachte, sollte er mit der Fortsetzung der Übung warten, bis er sich wieder frisch fühlt. Nach einer Weile, wenn seine Konzentration stetig zu werden beginnt, kann er die Sitzungen allmählich verlängern, so daß der gute Fortschritt erhalten bleibt.

Im Verlauf seiner Konzentrationspraxis wird der Meditierende zwei unterschiedliche Phasen durchlaufen. Eine Phase wird ihm, wie wir gesehen haben, das Gefühl geben, daß seine Gedanken beträchtlich zugenommen haben; während der zweiten Phase erfährt er für kürzere oder längere Zeiträume eine Unterbrechung des Gedankenflusses. Er wird daher einmal denken, daß er mit seinen vielen Gedanken fertig werden muß, im nächsten Augenblick hat er vielleicht für über eine halbe Stunde überhaupt keine Gedanken. Nach dieser Periode der Stille kommt dann die Gedankenaktivität wieder mit voller Kraft zurück. Dieser Zustand bedeutet, daß der Aspirant in die zweite Stufe auf dem Weg zur Meditation eingetreten ist, und aufgrund der Fluktuation in der Menge seiner Gedanken wird er manchmal eine Periode guter Konzentration haben und ein andermal, wenn die Gedanken wieder zahlreich sind, wird es schlecht gehen. Jetzt sollte er seine Anstrengungen vermehren. Er sollte, um Stabilität in die Fluktuation des Denkens zu bringen, den Zeitraum seiner Konzentration verlängern. Wenn er zum Beispiel bisher viermal am Tag meditiert hat, könnte er jetzt die Zeit verlängern und die Anzahl der Sitzungen zur Konzentration erhöhen. Wenn er dies eine Weile lang durchgeführt hat, wird er bemerken, daß Gedanken, die während seiner Konzentration aufkommen, ohne große Anstrengung seinerseits wieder verschwinden. Gleichzeitig wird er auch das Empfinden haben, daß er das Bild des Meditationsobjekts in seinem Geist mit einiger Stetigkeit aufrecht halten kann. Genau zu diesem Zeitpunkt kann das 'Absinken' des Geistes einsetzen.

Das 'Absinken' des Geistes ist ein recht gefährlicher Zustand, da er erstens für den Meditierenden, der die volle Kraft seines Geistes auf seine Konzentration gerichtet hat, überhaupt nur schwer auszumachen ist, zweitens dieser Zustand ausschließlich durch eigene Erfahrung erkennbar ist, da er weder mit Worten beschrieben noch vorgeführt werden kann. Nur ein erfahrener Meditierender bemerkt das Absinken, wenn es auftritt, da er den Unterschied zu voller Konzentration kennt. Der Aspirant sollte die Kräfte seiner Erinnerung und seines Erkennens wieder neu beleben und sorgfältig über die Richtung seiner Konzentration wachen. Er könnte natürlich auch einfach mit seinen Konzentrationsübungen weitermachen, doch kann ihn das in Schwierigkeiten bringen. An diesem Punkt ist es viel besser, wenn er bewußt seine Konzentration unterbricht und untersucht, ob sein Geist immer noch aktiv und wach ist oder ob er schon begonnen hat allmählich in den Gegenstand zu versinken. Das 'Absinken' des Geistes verleiht ein sehr wohliges Gefühl und viele Meditierende scheuen sich, dieses

Gefühl des Glücks und der Ruhe zu stören. Der Geist hat aber, obwohl er sich immer noch auf das Bild konzentriert, unmerklich an Energie und Klarheit verloren und ist trübe wie stillstehendes, schaumbedecktes Wasser geworden. Wenn der Meditierende in dieser speziellen Geistesverfassung mit seiner Übung fortfährt, wird er feststellen, daß, nachdem es mit seiner Konzentration zuende ist, auch der Körper dieses Gefühl des Absinkens angenommen hat, und er wünscht dann einfach nur noch müßig und entspannt dazusitzen.

Viele Menschen mögen dieses Gefühl, doch es ist weder wirklicher *samādhi*, noch wird es jemals dazu führen. Deshalb muß sich der Meditierende anstrengen, von diesem Zustand loszukommen, wie beseligend und angenehm er auch sein mag, und mit wirklicher Meditation fortfahren. Der Unterschied zwischen wirklicher Meditation und dem Zustand des Absinkens ließe sich vielleicht folgendermaßen veranschaulichen. Nehmen wir an, das Objekt der Konzentration gleiche einer Tasse und der Geist einer Hand. Die Hand kann die Tasse entweder sehr locker oder mit der vollen Unterstützung der Finger fest halten. In den Sutras finden wir das Gleichnis eines Menschen, der eine Straße entlang geht und eine mit Wasser gefüllte Tasse in seiner Hand hält. Er will von dem Wasser nichts verschütten, und so muß er sowohl auf die Straße als auch auf die Tasse achten. In derselben Weise muß der Meditationsanwärter seinen Geist beobachten und darauf sehen, daß er nicht abgelenkt wird, während er sich konzentriert. Er muß ebenfalls auf das Bild des Objekts in seinem Geist achtgeben. Der Unterschied zwischen der Verfassung eines abgesunkenen Geistes und echter Meditation liegt in der Kraft, mit der der Geist das Bild des Objekts hält. Wenn der Geist klar ist und das Bild mit voller Kraft hält, ist es korrekt. Aber wenn er auch nur ein bißchen nachlässig wird, kann der Meditierende schon in *nimagnatā*, den Zustand des Absinkens gleiten.

Die Ablenkung des Geistes läßt sich viel einfacher beobachten und überwinden, weil die Kräfte der Erinnerung und des Erkennens sich von selbst an die Arbeit machen, sobald Denken aufkommt und die Konzentration zerstreut ist. Aber beim absinkenden Geist ist es weitaus schwieriger, weil ja der Geist das Bild nicht verloren hat und daher die Kraft der Erinnerung nicht in Aktion tritt. Folglich verliert sich der Meditierende immer tiefer in diesem abgesunkenen Zustand, und je länger er dauert desto schwieriger wird es für ihn wieder herauszukommen. Hat der Aspirant aber einmal den Unterschied zwischen dem absinkenden Geist und wahrer Meditation erfahren, sollte er die Kräfte der Erinnerung und des Erkennens mit noch größerer Wachsamkeit als je zuvor beleben. Dann wird die Kraft der Erinnerung Alarm geben, sobald die Neigung des Absinkens und der Dumpfheit des Geistes einsetzt, und die Kraft des Erkennens wird die Konzentration unterbrechen. Der Meditierende erkennt dann, daß seine Konzentration von den Kräften seiner Erinnerung und seines Erkennens unterbrochen wurde, und er folglich in die falsche Art von Meditation abgeglitten sein muß. So wird er wieder von vorne beginnen, indem er die Kräfte der Erinnerung und des Erkennens wiederbelebt, seinen Geist sammelt und, falls möglich, mit der Konzentration von neuem beginnt. Wenn er jetzt Schwierigkeiten mit dem Neubeginn hat, sollte er eine kurze Pause machen, eine Weile nach draußen gehen, und dann erfrischt seine Konzentration neu starten.

Nachdem der Meditierende seine Konzentrationskraft eine Weile geübt hat, und der Zustand der Ablenkung und das Problem des Absinkens des Geistes nachgelassen haben, nimmt die Zeit wahrer Konzentration zu, manchmal klappt es sogar schon für zehn bis fünfzehn Minuten. Der Meditierende fühlt sich nun auch nicht mehr so müde und ist imstande, allmählich seine Meditation zu verbessern und kann ohne die ständige

Hilfe eines Lehrers oder Freundes bis zu einer gewissen Stufe Fortschritte machen. Wird er nach einigen Monaten immer noch durch Ablenkung und Sinken gestört, gibt es bestimmte Techniken, die er nun anwenden sollte. Diese Techniken sollten nicht zu Anfang benutzt werden, sondern erst nachdem der Meditierende zumindest die ersten drei Stufen fortschreitender Konzentration durchlaufen hat, nämlich:

1. Die Stufe, wenn die Gedanken gewaltig zuzunehmen scheinen;
2. die Stufe, wenn er eine Unterbrechung des Gedankenflusses erfährt; will sagen, daß er einmal mit vielen Gedanken kämpfen muß, ein andermal jedoch überhaupt kein Gedanke vorhanden ist;
3. die Stufe, wenn das Ausmaß der Störung auf einen geringeren Grad gefallen ist und die Zeit wahrer Konzentration zugenommen hat.

An diesem Punkt nun können anstelle der offensichtlicheren Stufen von Ablenkung und Absinken des Geistes subtilere Versionen dieser beiden Zustände auftreten und die Bemühungen des Meditierenden behindern. Er kann ihnen auf folgende Art entgegenwirken. Wenn zum Beispiel die Störung in einer subtilen Version der Ablenkung auftritt, sollte der Meditierende den Raum verdunkeln. Er sollte dann die Höhe des Objekts, auf das er sich konzentriert, senken. Folglich sollte der Übende, wenn er von einer subtilen Version des Absinkens des Geistes gestört wird, nicht nur den Meditationsraum so hell wie möglich machen, sondern auch das Objekt seiner Konzentration anheben. Eine weitere hilfreiche Praxis für den vom Absinken gestörten Meditierenden besteht darin, wann immer er nach draußen geht, seinen Blick weit in die Ferne zu richten.

Wenn der Meditierende bis zur vierten und fünften Stufe fortgeschritten ist, haben alle Störungen so weit abgenommen, daß er nun imstande ist, sich für ungefähr zwanzig Minuten am

Stück auf sein Objekt zu konzentrieren, ohne die geringste Störung zu erfahren. Das ist der Anfang der Verwirklichung geistiger Stetigkeit. Zu dieser Zeit sollten die Lebendigkeit der Kräfte von Erinnerung und Erkennen wie auch die Verfassung der Wachsamkeit des Geistes zurückgenommen werden, da auf dieser fortgeschrittenen Stufe jene Eigenschaften für die Verlängerung der Konzentrationszeit nicht mehr hilfreich sind. Da die Einwirkungen äußerer Störungen auf die allmählich besser werdende Konzentration abnehmen, können Erinnerung, Erkennen und Wachsamkeit des Geistes sogar zu Störfaktoren werden. Diese vorbeugenden Maßnahmen sind am Anfang der Konzentration notwendig und hilfreich, wenn man nicht nur speziell die Kräfte der Erinnerung und des Erkennens lebendig, sondern ebenso den Geist wachsam halten muß, um Ablenkung und Gedankenprozesse abzuwehren. So, wie auf den frühen Stufen Nachlässigkeit nicht gut war, so ist auf den forgeschrittenen Stufen Wachsamkeit nicht gut. Ab der vierten oder fünften Stufe sollte der Übende daher die Intensität von Aufmerksamkeit und Wachsamkeit in Erinnerung, Erkennen und Bewußtsein nach und nach lockern. Sobald die Kraft der Wachsamkeit nun abnimmt, nimmt die Kraft ungestörter Konzentration von selbst zu.

Von Zeit zu Zeit sollte man jedoch die Konzentration überprüfen. Das heißt, der Meditierende sollte gelegentlich nach einer langen Zeitspanne seine Konzentration unterbrechen und ihre Klarheit, Stärke, etwaige Störungen und so weiter betrachten. Wenn er findet, daß alles in Ordnung war, kann er weitermachen. Findet er jedoch, daß etwas nicht ganz so gut war, sollte er von vorn beginnen und versuchen, das, was falsch war, richtigzustellen. Geduld, die Entschlossenheit dran zu bleiben und die Praxis zu verlängern und es mit Ergebnissen nicht zu eilig zu haben, sind die wesentlichen Voraussetzungen für den Fortschritt in der Meditation. Auf dieser Stufe hat der Meditierende die Neigung, sich in gewisser Hinsicht zu überschätzen. Er denkt, da er sich ja bereits eine halbe Stunde ohne jede Störung konzentrieren kann, könne er nun seine Meditation auch gleich auf eine volle Stunde ausdehnen. Dieses Denken schafft eine weitere Störung. Der Meditierende sollte nämlich mit einem langsamen Fortschreiten zufrieden sein. Die Konzentrationszeit sollte nur um eine oder zwei Minuten in der Woche verlängert werden, und jedes Gefühl der Eile oder Ungeduld muß abgelegt werden.

Im Laufe der Zeit wird der Meditierende dann feststellen, daß er imstande ist, nicht nachlassende Konzentration über etwa eine ganze Woche aufrecht zu halten. In einer anderen Woche kann die Konzentration dann plötzlich wieder sehr gestört sein. Wenn so etwas geschieht, sollte der Übende seinen Gesundheitszustand, seine Ernährungsweise oder seine Umgebung in Betracht ziehen. Wenn er in seiner Konzentration so weit vorangeschritten ist, sind all diese Faktoren wichtig. Zu viel zu essen, zu lange zu schlafen oder zu viel Licht im Meditationsraum zu haben, können Ursachen sein, daß der Meditierende jeden Fortschritt, den er gemacht hat, wieder verliert und sein langes Bemühen zunichte wird. Es ist deshalb absolut notwendig, daß er sich, von dieser Stufe seines Fortschritts an, stets an eine strikte Routine hält, maßvoll ißt und sich bei guter Gesundheit hält, bis er größere Kontrolle über seine Konzentration und Meditation erlangt hat. Wenn dies einmal erreicht ist – er sich also unbeirrt für etwa eine halbe Stunde ohne Unterbrechung konzentrieren kann – kann der Meditierende seine Praxis allmählich über einen viel längeren Zeitraum ausdehnen. Geht dies eine Zeit lang gut, so ist er bereit für den nächsten Schritt.

Der nächste Schritt, den der Meditierende zu machen hat, ist die Unterbrechung der täglichen Routine. Das könnte zum Beispiel folgendermaßen aussehen: Wenn der Übende imstande ist, sich am Morgen über einen beträchtliche Zeitraum zu konzentrieren und dann wieder am Nachmittag und beide Konzentrationsperioden verlaufen wirklich zufriedenstellend, so läßt er am nächsten Morgen oder Nachmittag, je nachdem, die Meditation ausfallen und geht aus, entweder um irgendeine gewöhnliche Arbeit zu tun oder um sich bewußt anderen ablenkende Einflüssen auszusetzen. All das macht er natürlich nur als Experiment, um herauszufinden, wie sehr es ihn beeinflußt. Daher muß er am nächsten Tag, wenn er seine Meditation wieder aufnimmt, sorgfältig beobachten, ob sein Geistesfrieden und seine Kontrolle über die Konzentrationskraft genauso stetig und klar sind, wie vor dem Kontakt mit den äußeren Einflüssen. Nachdem er diese Variationen seiner Routine einige Zeit geübt hat, kann er ihre Dauer wiederum auf zwei oder drei Tage verlängern. Diese Übungen sind notwendig, da der Meditierende bis zu dieser Stufe in nahezu völliger Isolation gelebt hat. Er hatte sich vom alltäglichen Leben mit all seinen Einflüssen abgeschlossen, um richtige Konzentration und Meditation zu verwirklichen. Jetzt aber, da er sein Ziel bis zu einem gewissen Grad erreicht hat, sollte er allmählich wieder ins normale Leben zurückfinden.

Die Absicht der Meditation ist es, den Menschen durch Selbst-Läuterung zu befähigen, mitten im regen Treiben der Welt zu leben, ohne sich von alledem beeinflussen oder beflekken zu lassen. Der Meditierende sollte sich schrittweise der äußeren Welt aussetzen, damit er jedesmal sorgfältig prüfen kann, ob er noch imstande ist, die Kontrolle über seine Konzentration zu bewahren. Wenn er auf einer bestimmten Stufe feststellt, daß er unter den Einfluß der Außenwelt gerät, muß er für eine Weile wieder zur Routine täglicher Meditation zurückkehren. Diese Routine sollte dann allmählich wieder Störungen ausgesetzt werden, plötzliche Wechsel in Ernährungsweise und Umgebung eingeschlossen. Schließlich muß der

Meditierende lernen, seine Konzentration mit den gewöhnlichen Aktivitäten des Alltagslebens zu verschmelzen. Das bedeutet, er muß Konzentration üben, während er sich bewegt oder durch belebte Straßen geht, wo er auf den Verkehr achten muß. Er muß Konzentration beim Kochen, Essen, Schlafen, Arbeiten und so weiter üben. Während all dieser Aktivitäten muß er in seinem Geist ein klares Bild des Objekts halten können, das er gewöhnlich für seine Konzentration benutzt.

Nachdem man eine lange Zeit auf ein bestimmtes Objekt meditiert und beträchtliche Kräfte der Aufmerksamkeit und Konzentration erlangt hat, wird auch geraten, das Objekt zu wechseln. Hat man sich zum Beispiel auf ein bildliches Symbol konzentriert, so ist es gut, jetzt zu Klang oder Bewegung oder zum Körper zu wechseln. Es ist nicht nötig, sich für lange Zeit auf das neue Objekt zu konzentrieren, sondern es geht nur um eine kurze Abwechslung. Dann sollte man wieder zum ursprünglichen Objekt seiner Wahl zurückkehren und sich wiederum für einige Tage darauf konzentrieren und dabei sorgfältig darauf achten, ob irgendeine Störung entstanden ist. Wenn man alles in Ordnung findet, sollte man wieder zu einem anderen Objekt wechseln.

Man sollte jetzt allmählich die Zeitspanne des konzentrierten Sitzens verlängern. Hat man zum Beispiel eine halbe Stunde lang gesessen, so sollte man jetzt auf fünfunddreißig Minuten erhöhen und dann nach einer Woche auf vierzig Minuten und so fort. Die Zeitspanne der Konzentration sollte auf diese Weise allmählich verlängert werden. Die *śāstras* (Schriften) machen keine Stundenangaben, sondern sprechen vom 'Viertel eines Tages' als Zeitbegrenzung für intensive Konzentration. Wir können davon ausgehen, daß das etwa drei Stunden ausmacht. Gemäß den Schriften ist das auch tatsächlich die maximale Zeitspanne, die ein Meditierender, der *śhamatha* noch nicht verwirklicht hat, in Konzentration verbringen sollte. Ist jedoch *śhamatha* erlangt, dann gibt es für die Dauer der Konzentration und Meditation kein Zeitlimit mehr. Dann nämlich ist Meditation, wie Arbeiten, Essen und Schlafen, ein Teil des Lebens geworden und erfordert keinerlei besondere Anstrengung mehr.

Drei Stunden ununterbrochen in Meditation zu sitzen, verlangt am Anfang sehr viel Anstrengung. Der Meditierende muß seinem Geist fest einprägen:

1) Ich werde über dieses spezielle Objekt meditieren, und die Fähigkeiten meiner Erinnerung und meines Erkennens bereithalten, damit sie einschreiten, sobald irgendeine Störung in meinem Geist aufkommt, so daß ich diese Verfassung augenblicklich erkennen und ihr entgegenwirken kann.

2) Falls sich keine Störung einstellt, werde ich jetzt drei Stunden lang ohne Unterbrechung meditieren.

Diese beiden disziplinarischen Maßnahmen (die der Meditierende so oft wie nötig wiederholen kann) erfordern zu Beginn viel Anstrengung. Wenn es jedoch keine Störungen gibt und alles ruhig vorangeht, wird nach drei Stunden die Konzentration unwillkürlich unterbrochen, und der Meditierende weiß dann, daß die selbst gesetzte Zeitspanne zuende ist. Jetzt muß er auf sein Bemühen während dieser ganzen drei Stunden zurückblicken und schauen, ob alles richtig verlaufen ist oder ob etwas vielleicht noch verbessert werden könnte. Selbst wenn die Konzentration drei Stunden vollkommen war, kann sich der Meditierende nicht sicher sein, daß er nun in einer bestimmten Zeit *śhamatha* verwirklichen wird. Die Verwirklichung von *śhamatha* hängt von vielerlei Dingen, wie dem Temperament des Meditierenden und so weiter ab. Ob einige Meditationsperioden kurz und andere lang sind, ist dabei gleichgültig, wichtig ist, daß die tägliche Meditation unter allen Umständen beibehalten wird. (Wenn man die Zeit hat, wird natürlich eine tägliche Meditation von drei Stunden empfohlen.) Man muß versuchen, zu große Abstände zwischen den Sitzungen zu vermeiden. Wenn man einmal einen Tag auf die Meditation verzichten muß, ist es notwendig, sie gleich am nächsten Tag wieder aufzunehmen. Man muß mit dieser Praxis einfach so lange geduldig weitermachen, bis *śhamatha* sich einstellt.

Ein Meditierender, der bis zu dieser Stufe fortgeschritten ist, hat bereits eine beträchtliche Kontrolle über seine Gedanken und seine Unterscheidungsfähigkeit entwickelt. Er beschäftigt sich nur mit den gewünschten Gedanken und läßt alle anderen beiseite. Diese Fähigkeit ist für den Menschen an und für sich nützlich, auch wenn er noch nicht *śhamatha* verwirklicht haben sollte. Von dieser Zeit an muß der Meditierende all seine Anstrengungen darauf richten, das geistige Bild des Meditationsobjekts so klar wie möglich zu machen. Wie ich zuvor sagte, ist es für den Meditierenden in spe zu Beginn noch nicht nötig, ein klares Bild zu erhalten; für ihn ist es nicht wirklich wichtig, ob das Bild verschwommen oder unstetig ist. Aber jetzt, da er zur dritten Stufc fortgeschritten ist und drei Stunden an einem Stück meditieren kann, muß er versuchen, sein geistiges Bild so klar wie möglich zu machen. Er sollte von jetzt an bei voller Kontrolle des Denkens und mit Unterscheidungsvermögen versuchen, das Bild soweit zu verbessern, bis jedes Detail des Bildes so klar gezeichnet ist, wie der ursprüngliche Gegenstand. Diese Übung ist auch für eine spätere Stufe von großer Wichtigkeit, wenn der Meditierende nämlich *śhamatha* verwirklicht hat und bereit ist, zu fortgeschrittenerer Meditation weiterzugehen.

FRAGEN UND ANTWORTEN

Wie oft sollte man meditieren und zu welchen Zeiten?

Wenn Sie Ihre Meditation ernst nehmen, gilt die Empfehlung, daß Sie viermal am Tag üben sollten, früh am Morgen vor Sonnenaufgang, später am Morgen vor Mittag, am Nachmittag vor Sonnenuntergang und am Abend vor Mitternacht. Für gelegentlich Meditierende genügt es, einmal am Tag, vorzugsweise früh am Morgen vor Sonnenaufgang, zu meditieren. Im Unterschied zu anderen Systemen, empfehlen die Buddhisten, während der exakten Zeiten von Sonnenaufgang, Mittag, Sonnenuntergang und Mitternacht nicht zu meditieren.

Sie haben erwähnt, daß die Kräfte der Erinnerung und des Erkennens wachsam gehalten werden müssen, damit sie, sobald während der Konzentration ein Gedanke im Geist erscheint, den Meditierenden warnen und den Gedanken abwenden können. Schaffen diese beiden Kräfte, wenn sie konstant wachsam gehalten werden, nicht eine störende Anspannung im Geist?

Ich sagte, daß zu Anfang, bevor die eigentliche Konzentration beginnt, die Kräfte der Erinnerung und des Erkennens vitalisiert werden müssen, damit, wenn irgendein ablenkender Gedanke während der Konzentration aufkommt, die Erinnerung Alarm schlagen und das Erkennen den Gedanken abwenden kann. Man kann jedoch die Kräfte der Erinnerung und des Erkennens nicht während des Konzentrationsvorgangs aktiv halten, da sie einen Gedankenprozeß darstellen. Diese Kräfte werden zu Beginn erfrischt und im Hintergrund einsatzbereit gehalten, um, wann immer es nötig sein sollte, aktiv zu werden, das heißt, sobald während des Konzentrationsvorgangs irgendeine Störung im Geist aufkommt. Dann und nur dann werden diese Eigenschaften spontan aktiv und warnen den Meditierenden vor dem Eindringling.

Entwickeln Menschen, die die Kraft erlangt haben sich stundenlang ununterbrochen zu konzentrieren, die Kräfte, die als siddhis *bekannt sind?*

Ein Mensch, der so weit fortgeschritten ist, daß er drei Stunden ohne Unterbrechung meditieren kann, ist sicher kein 'gewöhnlicher' Mensch mehr. Doch *siddhis* stellen sich erst ein, nachdem *śhamatha* verwirklicht wurde, und der Geist absolut still geworden ist.

Würden Sie bitte sagen, was śhamatha *tatsächlich bedeutet?*

Śhamatha ist der Name für einen Geisteszustand, der erlangt wird, nachdem man gelernt hat, sich über eine lange Zeit, bis zu drei Stunden, vollständig zu konzentrieren. Diese Praxis intensiver Konzentration entwickelt eine bestimmte Energie, die den Körper sehr leicht und umgänglich werden läßt. Später ergreift diese Energie auch den Geist und verleiht ihm ein sehr beseligendes Gefühl. Dies Gefühl ist nicht das Zeichen für die Verwirklichung von *samādhi* oder *nirvāṇa* – es ist einfach eine glückselige Empfindung. Dieses psychophysische Gefühl bleibt eine Weile erhalten, wenn man jedoch mit der Praxis der Konzentration fortfährt, nimmt es wieder ab, und man wird dann die Fähigkeit erlangen, sich, solange man es wünscht, ohne Störung konzentrieren zu können, sieben Tage, zehn Tage oder einen ganzen Monat lang. Gleichzeitig verwirklicht man die vereinigte Ausgeglichenheit von Körper und Geist. Nachdem man also all diese Praktiken ausgeführt und Stabilität von Körper und Geist erlangt hat, entwickelt man schließlich *śhamatha*, und kann Jahre um Jahre mühelos meditieren, weil der Geist nun völlig den Wünschen des Meditierenden gehorcht. Dieser Zustand, diese Stabilität des Geistes ist *śhamatha*.

Wie kann ein Mensch, der blind geboren wurde, sich auf ein Objekt konzentrieren?

Ein blinder Mensch kann sich auf Klang oder Form konzentrieren. Aber generell müssen behinderte Menschen sich in ihrer Meditation mehr anstrengen, da ihre Behinderung auch auf diesem besonderen Gebiet ein Problem für sie darstellen wird.

Ist es für einen blinden Menschen nicht leichter, sich zu konzentrieren, da er ja nicht vom Sehen abgelenkt wird?

Ich weiß es nicht, glaube aber nicht. Ein blind geborener Mensch kann dafür in einer viel konzentrierteren Weise von seinen übrigen Sinnen gestört werden. Er muß experimentieren und herausfinden, was der beste Weg für ihn ist.

V

WENN EIN Mensch mit der Ausübung seiner Konzentration fortfährt, finden in seinem Körper und später auch in seinem Geist bestimmte Veränderungen statt. Diese Veränderungen kommen bei einigen Meditierenden schnell und leicht zustande, bei anderen dagegen stellen sie sich erst nach viel Anstrengung und Übung ein. Das ist deswegen so, weil diese Veränderungen von vielen Faktoren abhängen, wie etwa vom persönlichen Hintergrund des Meditierenden, seinem Karma, der Qualität seiner Praxis und so weiter. Aber jeder Mensch, der beständig Konzentration praktiziert und keine grundlegenden Fehler macht, sollte früher oder später gute Ergebnisse erzielen.

Dieser Wandel wird zuerst im Körper spürbar, da der vom gewöhnlichen Menschen genutzte, oberflächliche Geist, der zu Grobheit (*sthula*) neigt, in seiner Funktion vom Körper abhängt. Der subtile Geist hingegen hängt nicht vom Körper ab. Anfänger meditieren mit dem groben Geist, und auf den frühen Stufen der Meditation ist der subtile Geist noch inaktiv. Wenn jedoch der Aspirant Kontrolle über seinen groben Geist erlangt und ihn durch stetige Praxis in einsgerichteter Konzentration auf ein besonderes Objekt zum Stillstand bringt, schafft er eine Verwandlung in seinem Körper. Das kommt daher, daß durch einen einsgerichteten Geist der Fluß der Lebenswinde im Körper unter Kontrolle gebracht wird. Im gewöhnlichen Zustand eines zerstreuten Geistes, sind die Lebenswinde, die Träger der feinstofflichen Kräfte, in Unordnung, und diese Unordnung beeinflußt nicht nur den Körper sondern auch den Geist. Daher wird durch die Kontrolle des Geistes auch der Körper in einen Zustand der Harmonie gebracht. Wenn der Meditierende diese Stufe erreicht, hat er ein durchgehend angenehmes Körpergefühl. Dieses angenehme Gefühl, diese Leichtigkeit, die den Meditierenden befähigt, seinen Körper mit größerer Leichtigkeit zu gebrauchen, wird fälschlicherweise oft für Verwirklichung gehalten, und manche Menschen bleiben hier stehen und schwelgen in diesem angenehmen Gefühl. Das kann dazu führen, daß der Meditierende alles verliert, was er mit so viel Mühe gewonnen hat. Das Gefühl der Leichtigkeit im Körper ist ein Zeichen, daß ein gewisser Fortschritt stattgefunden hat und daß man der Vollendung wirklicher Meditation nähergekommen ist; es ist kein Ergebnis an sich. Deshalb sollte der Meditierende, wenn er seinen Körper leichter werden fühlt, es seinem Geist nicht gestatten sich ablenken zu lassen. Er sollte im Gegenteil seine einsgerichtete Konzentration, Meditation und Sammlung noch intensivieren. Dann wird sich, nach ungefähr einer Woche, das angenehme Gefühl im Körper wieder legen. Der Übende mag das Empfinden haben, daß das Gefühl abnimmt, aber tatsächlich ist das nicht der Fall. Er gewinnt allmählich Kontrolle über die Situation, und deshalb läßt sich sein Geist von den Empfindungen nicht mehr stören.

Im unmittelbaren Anschluß an das angenehme Körpergefühl folgt ein unbeschreibliches Gefühl der Zufriedenheit und des Glücks im Geist, das nicht während sondern nach der Meditation erfahren wird. Diese Empfindung schafft ein weiteres Problem, weil der Meditierende wiederum geneigt ist, daran festzuhalten. Jetzt muß er standhaft sein und seine Meditation zum richtigen Zeitpunkt abbrechen und sich ein wenig Zeit nehmen, während der er für einen Spaziergang nach draußen gehen, mit Leuten sprechen, Musik hören oder etwas ähnliches tun kann. Auf diese Weise wird er sich davor bewahren in Meditation zu 'ertrinken', um als Nachwirkung diese Zufriedenheit zu erfahren. Wenn er diszipliniert mit sich selbst ist, wird sich auch dieses Glücksgefühl des Geistes wieder legen.

Es ist deutlich erkennbar, daß die angenehme Empfindung des Körpers in Vereinigung mit dem Glücksgefühl des Geistes gemeinsam ein Paar bilden. *Yoga* bedeutet im Sanskrit eine harmonische Verbindung zweier Dinge, in diesem Fall Körper und Geist. Konzentration unter diesen Bedingungen wird *śhamatha* genannt, da alle ungeordneten Funktionen und alle Zerstreutheit des Geistes jetzt befriedet und ausgelöscht sind.

Wenn Körper und Geist sich auf diese Weise in Harmonie befinden, und der Meditierende seinen Geist zur Konzentration auf einen materiellen Gegenstand richtet, wird er eine Art *samādhi* erfahren. Weil unser oberflächlicher Geist immer aktiv ist und deshalb die Dinge ständig verzerrt, besitzen wir zur Zeit nicht die Ausgeglichenheit des Geistes, die nötig ist, um sich auf die Dinge zu konzentrieren, so, wie sie wirklich sind. Wahrscheinlich gibt es ohne die Verwirklichung von *samādhi* keine Möglichkeit irgend etwas so wahrzunehmen, wie es tatsächlich ist.

Der erste Teil des Wortes *samādhi*, *sama*, bedeutet Gleichheit. 'Gleichheit' meint in diesem Fall, daß der Gehalt des Objekts und der des Geistes gleich sein sollten. 'Gleichheit' und 'Harmonie' können auch bei einem Topf und seinem Deckel am Ort ihres Zusammentreffens bestehen, doch wenn der Deckel nicht auf den Topf paßt, herrscht weder Gleichheit noch Harmonie zwischen ihnen. Ebenso sollte Gleichheit zwischen dem Erkannten und dem Erkennenden, dem Geist bestehen.

Gegenwärtig herrscht jedoch, aufgrund der Arbeitsweise unseres Geistes, in diesem Bereich Unordnung. Der Geist wirkt zum Beispiel über die Augen. Vom Sehen nehmen wir an, daß es den Gegenstand unmittelbar wahrnimmt und ihn unverfälscht dem Geist übermittelt. Aber ist das wirklich so? Ist zum Beispiel die Farbe, die wir sehen, immer korrekt? Und wenn wir eine runde Form in etwa hundert Meter Entfernung sehen, nehmen wir sie dann in ihrer wirklichen Größe war? Entfernung vermindert die Deutlichkeit von Farbe und Form, und so verändert sich das Objekt gemäß der Entfernung und der Schärfe unserer Augen. Bis das Bild unseren Wahrnehmungsbereich berührt, sehen wir also schon etwas anderes. Dasselbe würde gelten, wenn ein Gegenstand so nahe vor eine Person gehalten würde, daß sie ihn gar nicht richtig wahrnehmen könnte. Weil der Geist also verzerrt, besteht eine Ungleichheit zwischen dem Geist und dem wahrgenommenen Objekt.

Wenn der Geist über die Ohren wirkt, gilt dasselbe. Spricht jemand aus großer Entfernung, hören wir in Beziehung zum Abstand und unserem Hörvermögen entweder verzerrte Worte oder undeutliche Geräusche. Natürlich hören verschiedene Menschen unterschiedliche Verzerrungen. Kommt der entfernte Sprecher näher, wird der Empfang klarer, und wenn er nahe genug ist, sollte es überhaupt keine Verzerrung mehr geben. Taucht allerdings im Verlauf des Zuhörens oder des Betrachtens eines entfernten Gegenstandes ein Gedanke auf, so gibt es eine ziemlich starke Verzerrung, und eine falsche Auffassung des gesprochenen Wortes oder des wahrgenommenen Gegenstandes ist die Folge.

Wenn wir den Zustand von *śhamatha* erlangt haben, ist unser Geist imstande sich mit großer Ausgeglichenheit auf sein Objekt zu konzentrieren und es, ohne die geringste Verzerrung, genauso wahrzunehmen wie es ist. Diese Errungenschaft bedeutet allerdings noch nicht, daß wir die absolute

Wirklichkeit erreicht, die letztendliche Wahrheit der Phänomene verwirklicht hätten. Um an diesen Punkt zu gelangen, müssen wir noch sehr viel weiter gehen. Was jedoch erreicht wurde, ist eine Kraft des Geistes, die sich mit großer Ausgeglichenheit auf ein Objekt konzentrieren kann. Wenn *śhamatha* erlangt wurde, kann der Meditierende seine Anstrengungen in der Konzentration erheblich lockern, da die Gefahr der Zerstreuung oder des langsamen Absinkens des Geistes überwunden ist. Auch muß der Meditierende, wenn er einmal den Vorgang der Harmonisierung von Körper und Geist durchlaufen hat, die Kräfte seiner Erinnerung und seines Erkennens nicht länger einsatzbereit halten. All das kann fallengelassen werden, weil die Störungen nicht wieder auftreten werden. Darüber hinaus wird der Übende bemerken, daß Unannehmlichkeiten wie körperliche Müdigkeit oder Steifheit in den Beinen während der Meditation nicht mehr auftreten, weil der Körper gelernt hat sich anzupassen und keine Forderungen mehr stellt, zu einer bestimmten Zeit gefüttert oder bewegt werden zu wollen. Er ist nun fähig, jede Aufgabe für beliebige Dauer auszuführen.

Das Erlangen von *śhamatha* ist wahrlich ein Meilenstein in der Meditation. Wir dürfen jedoch nicht vergessen, daß es nicht das letztendliche Ziel ist, sondern der Punkt, an dem wahre Meditation überhaupt erst beginnt. Bis hierhin üben wir unseren Geist nur, sich zu konzentrieren, ohne vom Denken gestört zu werden oder in den Zustand des Absinkens zu geraten. Schließlich wird der ernsthafte Mensch allein um der Meditation willen mit seiner Meditation fortfahren und die acht Stufen von *samādhi* durchlaufen, das heißt die vier Stufen von *rūpa samādhi* und die vier Stufen von *nirūpādhi samādhi*.

Die Erforschung dieser verschiedenen *samādhi*-Stufen ist für den Meditierenden ein wahrer Luxus. Doch wollen wir nicht zu weit vorgreifen; lassen Sie uns beim Meditierenden bleiben, der *śhamatha* erreicht hat und nun dabei ist, die erste Stufe von *rūpa samādhi* zu erforschen.

Der Meditierende hat eine harmonische Beziehung zwischen Körper und Geist erlangt. Wenn er beginnt seinen Geist zu konzentrieren, kooperiert sein Körper nun sofort. Wenn jemand versucht *samādhi* zu erlangen, so sind zu Anfang Denken und Unterscheidungsfähigkeit nötig, um zum Beispiel bestimmte Aspekte der Kontemplation auszuloten. Der Übende braucht das Denken, um vom Objekt, auf das er sich zu konzentrieren wünscht, ein geistiges Bild zu erschaffen, und er braucht Unterscheidungsvermögen, um einschätzen zu können, ob die Meditation richtig oder falsch läuft und ob das vorgestellte Bild deutlich ist oder nicht. Der Einsatz von Denken und Unterscheidungsvermögen ist folglich für den Anfänger unerläßlich und zwar vor seinem Eintritt in *samādhi* sowie unmittelbar nachdem er wieder herauskommt. Aber wenn er sich spirituell weiterentwickelt und um der Freude an der Meditation willen meditiert, kann der Übende bestimmte höhere Zustände erlangen, die alle in den *śāstras* beschrieben werden.

Die *śāstras* erwähnen drei unterschiedliche Bereiche. Der erste Bereich ist *kāma*, der gewöhnliche Zustand, in dem die meisten Menschen leben. Der zweite ist *rūpa*, der Bereich der Form. Der dritte ist *nirūpādhi*, der Bereich der Formlosigkeit oder der Bereich jenseits von Form.

Der Geist im Zustand von *kāma* ist der gewöhnliche unkontrollierte Geist. Wenn *samādhi* erreicht worden ist (das bedeutet, die erste Stufe des *rūpa samādhi* ist erlangt), ist der Geist feiner geworden und der Meditierende befindet sich in einem Zustand des Friedens. Wenn er eine Weile auf dieser Stufe praktiziert hat, stellt er fest, daß eigentlich keinerlei Notwendigkeit besteht, zu denken oder zu unterscheiden. Daher kann er diese Funktionen jetzt auslöschen und einen *samādhi* ohne sie entwickeln. Hat er diese zweite Stufe des *rūpa samādhi* erreicht, braucht er das Denken weder, um in *samādhi* zu gelangen, noch um wieder herauszukommen. Vor Eintritt in *samādhi*, während des Verweilens darin, und wenn er wieder herauskommt, bleibt der Meditierende völlig frei von Gedanken.

Nach dem Aufhören des Denkens wird das Gefühl des Glücks, das im Geist des Meditierenden zurückbleibt, zu einem Störfaktor, da der Zustand des *samādhi* ohne dieses zusätzliche Gefühl der Glückseligkeit friedvoller empfunden wird. Deshalb wird sich der Meditierende daran machen, es zu tilgen. Das Aufhören dieser Glückseligkeit kann entweder durch die Praxis von *śhamatha* oder *samādhi* erreicht werden, und wenn der Meditierende es vollendet hat, wird er sich in einem neutralen Zustand befinden, der weder glücklich noch unglücklich ist. Dies ist die dritte Stufe des *rūpa samādhi*; es ist ein viel höherer und friedvollerer Zustand als *śhamatha*.

Wenn der vorher erwähnte geistige Glückszustand aufgehört hat, wird der Meditierende bemerken, daß noch ein weiterer Störfaktor zurückbleibt. Dieser wird von einer angenehmen Empfindung im Körper (*sukha vedanā*) verursacht, die seine Ruhe stört. So nimmt sich schließlich der Meditierende auch diese Störung vor und befreit sich von ihr. Wenn sich auch diese Empfindung in einen neutralen Zustand beruhigt hat, in dem es weder Wohlsein noch Unwohlsein gibt, hat der Meditierende die vierte und höchste Stufe des *rūpa samādhi* erlangt.

Danach wird er feststellen, daß die Beziehung zwischen Körper und Geist für die Meditation nicht wirklich hilfreich ist, und er wird deshalb versuchen, den Geist völlig unabhängig vom Körper zu machen. Damit er dies erlangt, muß er den *samādhi* der Körperlosigkeit (*nirūpādhi samādhi*) praktizieren. Der Bereich des *nirūpādhi samādhi* wird ebenfalls in vier Stufen unterteilt. Zu Beginn muß der Meditierende jede Konzentration auf irgendeinen Gegenstand, der sich durch Form oder irgendeine andere Verkörperlichung auszeichnet, aufgeben und nur auf grenzenlose Leerheit meditieren. Hier geht es nicht um die Leerheit von *śhūnyatā*, gemeint ist die grenzenlose Leerheit des Raumes *(ākāśa)*, die der Meditierende als Objekt für seinen *samādhi* nimmt.

Nachdem er eine Weile in dieser Weise meditiert hat, merkt der Übende, daß er sich nicht länger auf ein außerhalb von ihm liegendes Objekt konzentrieren muß, und er lenkt seine Meditation auf die Unermeßlichkeit des Bewußtseins. Dies bedeutet, daß er in die zweite Stufe des *nirūpādhi samādhi* eintritt.

Nach wieder einer Weile beginnt der Meditierende zu fühlen, daß selbst das Bewußtsein zu einem Objekt oder einer Art von Verkörperung wird, und er weiß, daß er die Notwendigkeit, ein Objekt zur Konzentration haben zu müssen, eliminieren muß. Also beginnt er über nichts zu meditieren, er konzentriert sich einfach auf garnichts. Das ist die dritte Stufe des *nirūpādhi samādhi*.

Alles, was jetzt von der Praxis der Meditation noch übrig bleibt, ist reine Konzentration. Aber genau diese Konzentration wird nun selbst zu einer Quelle der Störung, und der Übende muß auch sie noch beseitigen. An diesem Punkt tritt der Meditierende in die vierte und höchste Stufe des *nirūpādhi samādhi* ein.

Es ist interessant festzustellen, daß der Meditierende, um in seiner Meditation immer höher steigen zu können, allmählich eine subtile Empfindung nach der anderen und eine Übung nach der anderen auslöschen muß. Wenn er sich schließlich völlig entleert hat, hat er nun die vierte Stufe des *nirūpādhi samādhi* erlangt. Ab diesem Punkt ist das System des *samādhi* für den Meditierenden nicht mehr wirksam, da er mit der Vernichtung der Konzentration die letzte aktive Tendenz seines Geistes ausgelöscht hat, und deshalb muß er nun in eine andere Art von Meditation eintreten.

Die buddhistischen und hinduistischen Lehren über die verschiedenen Stufen von *samādhi* sind sich ähnlich. Die technischen Begriffe mögen sich unterscheiden, aber die Einteilung der Schritte und die Systeme der Auflösung sind, mit gelegentlichen leichten Variationen, allen alten indischen Meditations-Traditionen eigen. Wenn die Meditationssysteme sich auch am Anfang noch unterscheiden, so stimmen sie auf den höheren Stufen, insbesondere in den Bereichen des *rūpa* und *nirūpā samādhi*, doch alle miteinander überein.

Ich habe jetzt in Kürze, ohne auf komplizierte technische Gesichtspunkte einzugehen, für Sie den Fortschritt in der Meditation klar und geordnet dargelegt und aufgezeigt, welche Störungen zu erwarten sind, bevor höhere Zustände erreicht werden. Es handelt sich hierbei um das allgemeine Muster bis einschließlich der Stufen von *śhamatha* und *samādhi*. Im buddhistischen System jedoch wird ein Meditierender, der die Stufe von *śhamatha* erreicht hat, gewöhnlich nicht ermutigt, weiterzugehen und in den acht Stufen der beiden Bereiche von *samādhi* zu schwelgen. Die geistigen Qualifikationen des Meditierenden werden, sobald er *śhamatha* erreicht hat, für ausreichend gehalten, um eine spirituellere Art der Meditation zu entwickeln, und es wird daher empfohlen, daß der Meditierende sich, vom Erlangen von *śhamatha* an, einige Jahre auf die Ergründung der Wirklichkeit der Dinge konzentrieren soll. Buddhisten arbeiten, wie bereits gesagt, immer mit dem Zwei-Ebenen-System der weltlichen oder relativen Wahrheit und der letztendlichen oder absoluten Wahrheit. Die Wirklichkeit der Dinge wird ebenfalls in diese beiden Ebenen unterteilt, nämlich in die der relativen Welt und in die der absoluten Welt. Zur Entdeckung der letzten Wirklichkeit der Dinge, zur Annäherung an die absolute Wahrheit also, wird die Meditation über die Vier Edlen Wahrheiten empfohlen. Für Buddhisten ist *nirvāṇa*, der Zustand in dem alle Mängel des Geistes aufgehört haben, das letztendliche Ziel. Die Methode zum Erlangen von *nirvāṇa* ist eine zweifache:

1. *Prajñā,* das Zustandebringen korrekter Einsicht, richtiger Erkenntnis oder Weisheit.
2. *Upāya*, die Mittel oder die Methoden, durch die *prajñā* erreicht wird.

Wenn *śhamatha* erlangt wurde, wird die Meditation auf die Vier Edlen Wahrheiten und später die Meditation auf *śhūnyatā* oder Sosein empfohlen. Diese Meditationen sind als Hilfen zur Ausrottung von *avidyā* gedacht, dem Zustand innerer Fehlauffassung oder Unwissenheit. Aufgrund von Unwissenheit leben wir in *saṃsāra*, erleben die sich ständig wandelnden Szenen des Lebens. Und durch Ausdauer in der Übung der vorgeschriebenen Arten der Meditation, findet der Meditierende in *śhamatha* die Methode (*upāya*), durch die er *prajñā* entwickeln kann. *Prajñā* ist die Erkenntnis, die die Ist-heit, das So-sein sieht. *Prajñā* ist die Weisheit, die die Wahrheit kennt.

Jedes Phänomen, das in einer spezifischen Form existiert, wird vom Ich, von der individuellen Person, mißverstanden. Das Ich existiert, das läßt sich nicht leugnen. Aber wir können die Existenz des Individuums 'auf die von uns gegenwärtig verstandene Weise' verneinen. Die Auffassung eines Ich kommt durch *avidyā* oder Unwissenheit zustande, durch die wir eine Wesenheit mit eigenständiger unabhängiger Natur (*svabhāva*) wahrnehmen. Der Buddha jedoch sagte, daß nichts auf diese Art existiert; alles existiert in einem Feld der Relativität. Würde ein Ding – so wie wir es uns denken – als unabhängige Wesenheit existieren, so müßte dieses Wesen in der Analyse deutlich erkennbar werden. Aber nichts läßt sich auf diese Weise erkennen. Wir denken zum Beispiel gewöhnlich in folgender Weise: 'Ich bin' und 'Ich bin hier'. Wir denken beiläufig an ein Ich, aber wir wissen nicht in welcher Wirklichkeit dieses Ich-Bild existiert. Wir halten das Ich für selbstverständlich und glauben, daß es existiert und von nichts anderem abhängig ist. Was aber finden wir, wenn wir beginnen die Angelegenheit näher zu untersuchen? Wir sagen: “Ich bin hier und dies ist mein Geist”, aber der Geist ist nicht das Ich. “Dies ist mein Name”, aber der Name ist nicht das Ich. Indem wir immer tiefer nachforschen, erkennen wir, daß es nichts Spezielles gibt, das wir als das Ich identifizieren könnten. Das ist möglich, weil das Ich nur scheinbar mit anderen Phänomenen wie dem Körper, dem Geist, dem eigenen Namen, den eigenen Handlungen, Gedanken und so weiter übereinstimmt. In Wirklichkeit steht das Ich in Beziehung zu und ist abhängig von all diesen Phänomenen. Also existiert das Ich nur in wechselseitig abhängiger Weise in Zeit, Raum, Denken und so weiter. Durch Analyse findet man heraus, daß obwohl äußerlich kein Ich festgemacht werden kann, im Bereich wechselseitiger Abhängigkeit doch etwas in dieser Art existiert. Und diese Sachlage wird vom gegenwärtigen, gewöhnlichen Geist nicht verstanden oder erkannt. Hat aber ein Meditierender die Kraft der Konzentration (*śhamatha*) erlangt, so kann er jedes beliebige Objekt oder Phänomen mit so machtvoller Einsgerichtetheit des Geistes untersuchen, daß es ihm möglich wird zur absoluten Wirklichkeit vorzudringen.

Absolute Wirklichkeit, Leerheit oder Soheit heißt auf Sanskrit *śhūnyatā*. In früheren Zeiten ebenso wie heute haben selbst angesehene Gelehrte nicht richtig verstanden, was Nāgārjuna mit seiner Darlegung der Doktrin von der Leerheit (*śhūnyatā*) gemeint hat und haben *śhūnyatā* fälschlicherweise als Vernichtung interpretiert. Seine Begründung der Wahrheit – sogar einer relativen Wahrheit – durch Negation ist jedoch etwas völlig anderes. Dieses System ist ein Äquivalent für das Erreichen des Positiven durch das Negative. Nehmen wir zum Beispiel einen Topf. Wir schauen ihn an und nehmen ihn wie gewöhnlich auf verzerrte Art und Weise wahr. Also müssen wir unsere verdrehte Interpretation – all unsere Konzepte über ihn – negieren, und wenn wir uns von all unseren aufgesetzten Verfälschungen gereinigt haben, nehmen wir die Wirklichkeit des Topfes rein wahr, so, wie sie ist. In vergleichbarer Weise nehmen wir die Wirklichkeit wahr, wenn wir Einsicht und Weisheit entwickelt haben.

Wir sind immerzu voll von Gedanken und Worten, weil wir ständig durch sie operieren und ohne ihre Hilfe überhaupt nicht imstande wären, irgend etwas zu tun. Bei allem, was wir reden und denken, machen wir Gebrauch von Bildern. Diese Bilder sind gewöhnlich negativ und haben eine verzerrende Wirkung sowohl auf unser Handeln als auch auf unser Verständnis und unsere Wahrnehmung. Weil wir auf diese Weise konditioniert sind, sehen wir nichts so, wie es in Wirklichkeit ist. Eine ungeübter Mensch ist nicht in der Lage, die Einzelheiten eines äußeren Objekts genau und präzise wahrzunehmen. Entsprechend schwierig wird es, irgendein Phänomen klar und ohne Verzerrung zu sehen, wenn man in die inneren Bereiche schaut. Wie wir aber bereits besprochen haben, kann ein ernsthafter und fortgeschrittener Meditierender durch *prajñā*, durch Weisheit, die alle verzerrenden Kräfte negiert, die der Einbildung eines 'Ich' und 'mein' angehören, gültige Einsicht in die Wirklichkeit der Dinge gewinnen. Auf diese Weise ist dem Übenden in seiner Untersuchung der wahren Beschaffenheit der Phänomene schließlich Erfolg beschieden.

Der Meditierende teilt im Zustand der Meditation also auch die Phänomene in zwei Teile; ein Teil enthält alles, was zum 'Ich' und 'mein' gehört, der andere enthält alles weitere. So wird eine Teilung vorgenommen zwischen *pudgala* (dem Individuum) und *dharma* (allem anderen, dem nicht zum Individuum gehörigen) und dann werden beide von *prajñā* erforscht. *Prajñā* untersucht auf der einen Seite den *pudgala-nairātmya*, die Essenz des Ohne-Mitte-Seins des Ich oder Ichlosigkeit und auf der anderen Seite den *dharma-nairātmya*, das Ohne-Mitte-Sein oder die Nicht-Substantialität aller anderen Dinge. Wenn der Meditierende diese beiden Wahrheiten erkannt hat, wird er fortgesetzt alle Phänomene untersuchen und so die Wahrheit an sich kennenlernen. Dies geschieht anfangs nicht durch unmittelbares, direktes Erkennen, sondern durch Schlußfolgerung, *anūmāna*. Der Übende entdeckt, daß die Dinge nicht so fest, so unabhängig oder so unwandelbar sind, wie sie zu sein scheinen. Auf diese Weise erlangt der Meditierende Wissen oder Einsicht in die Leere (*śhūnya*) der Phänomene. Und indem er mit dieser Art der Meditation fortfährt, gelangt er schließlich in einen Zustand, wo er die Wirklichkeit ohne Denken oder Verzerrung direkt wahrnehmen kann, in unmittelbarer Sicht von *nairātmya*, der *Ātman*-losigkeit (Nicht-Wesenhaftigkeit). Das ist *prajñā*, die Weisheit der Einsicht, die die Wahrheit kennt, oder *vipassanā*, der besondere Einblick in die Wirklichkeit.

Über *prajñā* selbst kann man selbstverständlich weder meditieren noch kann man diesc Weisheit weiter entwickeln. Wenn diese Stufe erreicht ist, findet eine vollständige Transformation statt. Das heißt, die ganze Welt der Erscheinungsformen, wie sie bis dahin durch Unwissenheit und Fehlauffassung wahrgenommen wurde, verschwindet und eine völlig neue Art des Sehens und Erkennens tritt an ihre Stelle. Die Unwissenheit ist der Weisheit gewichen. Das ist *vipassanā*.

FRAGEN UND ANTWORTEN

Könnten Sie mehr über prajñā *und die Aktivität von* śhūnyatā *sagen?*

Die Dinge befinden sich immer im Bereich von *śhūnyatā*, aber wir sehen oder erkennen es nicht. *Prajñā* befähigt uns, in die Natur der Dinge wie sie sind, zu sehen.

Kann man sagen, daß prajñā, *Weisheit, das Gewahrsein der Leerheit ist?*

Ja, aber selbst das Wort 'Leerheit' ist in diesem Kontext schwierig zu verstehen, da im Buddhismus Leerheit nicht Nicht-Existenz bedeutet.

Kann man sagen, daß Weisheit das Gewahrsein der Leerheit ist?

Ja.

Und daß die Zuschreibung einer unabhängigen, wandellosen Existenz als Zentrum von allem avidyā *oder Unwissenheit ist?*

Ja, bis zur Stufe der Leerheit.

Was ist die Beziehung zwischen śhūnyatā *und* prajñā?

Śhūnyatā ist das Objekt und *prajñā* ist das Gewahrsein dieses Objekts. *Prajñā* untersucht und erkennt schließlich *śhūnyatā,* die Auflösung des 'Ich'.

Sind Istheit und Gewahrsein Synonyme?

Nein, die Istheit ist das Objekt und Gewahrsein ist ein Attribut des Bewußtseins. Das Bewußtsein ist sich also der Istheit gewahr.

Sie sagten, daß ein Mensch, wenn er ein reines Leben führen würde und aufrichtig wäre, auch ohne Meditation einen Zustand der Harmonie und Weisheit erlangen würde. Dann haben Sie eine Methode beschrieben, durch die er nirvāṇa *erlangen kann. Ist nicht ein lauteres Leben selbst bereits Meditation? Es ist klar, daß man ein reines Lebens nicht in einem Augenblick zustande bringt, und daß es der Mühe eines ganzen Lebens oder sogar vieler Leben bedarf, Weisheit und Verwirklichung zu erlangen. Wir brauchen Bewußtheit, um ein reines Leben zu führen: Warum aber brauchen wir eine besondere Methode, um diese Einsicht zu erlangen? Brauchen wir wirklich eine Methode, so wie Sie sie beschrieben haben, wenn Bewußtheit des reinen Lebens selbst bereits Meditation ist?*

In wechselseitig abhängiger Natur gehen ein reines Leben und Meditation Hand in Hand. Ich glaube nicht, daß es uns im gegenwärtigen Stadium unserer Entwicklung (in der ein ungeordneter Geisteszustand herrscht) möglich ist, ein reines Leben zu führen. Natürlich wird gerade die Bemühung, es dennoch zu versuchen, den Geist bis zu einem gewissen Grad läutern, und das wiederum wird helfen ein reineres Leben zu führen. Reinheit des Lebens und Reinheit des Geistes unterstützen sich wechselseitig, und solange wir nicht auf Hindernisse treffen, werden diese Qualitäten zunehmen. Natürlich ist unser Gewahrsein eines reinen Lebens Teil der Anstrengung, es zu führen. Die Methoden und Systeme der Meditation jedoch sind darauf angelegt innerhalb einer zeitlichen Grenze zu funktionieren. Dies bedeutet, daß ein Mensch, der die gewöhnliche Art zu leben sobald wie möglich zu beenden wünscht – sei es in diesem Leben oder, sollte das nicht gelingen, in einem folgenden Leben – den vorgeschriebenen Methoden und Systemen der Meditation folgen muß und nicht auf die natürliche Entwicklung warten kann, die sehr sehr viel länger dauern würde.

Braucht jeder Mensch, der sich in der Meditation übt, einen Guru?

Das hängt von der Person ab. Nach den buddhistischen Übungsmethoden kann ein absoluter Anfänger nicht ohne jemanden, der ihn instruiert, auskommen. Jeder *śrāvaka* (Hörer) braucht einen Guru. Wie lange der Lehrer jedoch nötig ist, hängt ganz und gar vom Fortschritt des individuellen Schülers ab. In einigen wenigen Fällen ist ein Guru nicht nötig. Ein werdender *Pratyeka*-Buddha braucht keinen Guru.

VI

GANZ GLEICH, welche Methode man anwendet, es sollte Ziel jeder Meditation sein, einen Geisteszustand zu erlangen, der allumfassende Wahrnehmung ist. Buddhisten kennen vier Arten der Wahrnehmung:

Die erste ist die gewöhnliche Wahrnehmung durch das Bewußtsein der Sinne (*indriya-jñāna*), die uns durch Augen, Ohren und so weiter erreicht.

Die zweite ist *mano-vijñāna* oder innere Wahrnehmung, die bei gewöhnlichen Menschen nur ganz kurze Zeit dauert, da sie nahezu augenblicklich von relativen oder assoziierten Gedanken gestört und abgelöst wird.

Die dritte ist *svasamvedanā*, die Wahrnehmung des Geistes oder das Bewußtsein selbst. Diese Wahrnehmung findet auch im gewöhnlichen Zustand statt.

Die vierte Art der Wahrnehmung schließlich ist die yogische Wahrnehmung, die nur erreicht werden kann, wenn man durch die Praxis der Meditation Einsgerichtetheit des Geistes entwickelt hat. Mit dem Erlangen der yogischen Wahrnehmung sind wir imstande über viele Phänomene zu meditieren. Gegenwärtig verfügen wir über keine Möglichkeit, mit der wir *śhūnyatā* oder *anityatā* (die Veränderbarkeit der zusammengesetzten Dinge) wahrnehmen können. Wir wissen nur durch

Schlußfolgerung von diesen Dingen. Mit anderen Worten, unser Geist lernt – nur durch Logik und Vernunft – einige Fakten, die wir auf andere Weise nicht erkennen könnten. Wenn ein Meditierender jedoch Einsgerichtetheit des Geistes entwickelt und *śhamatha* erlangt, ist er imstande noch weiter zu gehen. Nach *śhamatha* kann er nämlich *prajñā* erreichen, die Weisheit, die die Wahrheit kennt und schließlich *vipassanā*, die Einsicht, die ihn befähigt sich ins Unbekannte aufzumachen, von dem ein Mensch im gewöhnlichen Zustand des Geistes keinerlei Vorstellung hat.

Im Buddhismus werden devotionale Arten der Meditation wie *dhyāna*, *samādhi* und *samīpatti* nicht für wichtig gehalten. Was hingegen für wesentlich erachtet wird, ist die Entwicklung der Kraft der Untersuchung, Unterscheidung und Analyse, und die kann nur durch *vipassanā* erlangt werden, wenn sich der Geist im selben konzentrierten Zustand befindet, wie in *śhamatha*. In *śhamatha* bleibt der Geist jedoch auf einen Punkt konzentriert, während er im Zustand von *vipassanā* nicht zentriert ist. Im Gegenteil, er untersucht, denkt und analysiert ohne Zerstreuung oder Absinken; er bewahrt seine volle Energie. In diesem Geisteszustand sollte man über die Vier Edlen Wahrheiten meditieren: die Wirklichkeit des Leidens, die Ursache des Leidens, das Aufhören des Leidens und den Weg zum Aufhören des Leidens.

In seiner ersten Lehrrede wiederholte der Buddha die Lehre von den Vier Edlen Wahrheiten seinen fünf Schülern dreimal, und in dieser seiner ersten Botschaft war bereits das gesamte Lehrgebäude des Buddhismus enthalten. Er erklärte und wiederholte sie gemäß des geistigen Entwicklungsstandes seiner damaligen Schüler, indem er sie Schritt für Schritt darlegte. In seiner ersten Erklärung zählte der Buddha die Vier Edlen Wahrheiten einfach auf und sagte: “Dies ist die Wahrheit vom Leiden, dies ist die Wahrheit von der Ursache des Leidens, dies ist das Aufhören des Leidens und dies ist der Weg, um das Aufhören des Leidens zu erlangen." Als seine Schüler dies überdacht, darüber meditiert und erwogen hatten, gab er ihnen weitere Anleitung. Er sagte: "Die Wahrheit des Leidens muß erkannt werden, die Ursache des Leidens muß ausgemerzt werden, das Aufhören des Leidens muß erlangt werden, und der Weg der Verwirklichung des Aufhörens des Leidens muß beschritten werden." Er führte die Wahrheiten also weiter, indem er nicht nur die Wirklichkeit des Leidens aufzeigte, sondern auch erklärte, daß es ausgemerzt werden müsse. Das Aufhören des Leidens muß erreicht und dazu muß der Weg zum Aufhören des Leidens geübt werden. Die Schüler meditierten wiederum. Dann hielt der Buddha die dritte Lehrrede. "Die Wahrheit des Leidens muß erkannt werden, aber es gibt nichts, was zu erkennen wäre. Die Ursache des Leidens muß ausgerottet werden, aber es gibt diese auszumerzende Ursache nicht. Das Aufhören des Leidens muß erreicht werden, aber es gibt nichts, was zu erreichen wäre. Der Weg, der zum Aufhören des Leidens führt, muß geübt werden, aber es gibt keinen Weg, der geübt werden müßte." Dies war der Gipfelpunkt der Lehre über die Vier Edlen Wahrheiten. Hieraus wird klar ersichtlich, daß der Buddha zuerst bestimmte Aussagen machte, die auf eine Wirklichkeit hinwiesen. Als erstes nannte er nur das Thema, dann fügte er den anfänglichen Aussagen die Bedingungen hinzu, und schließlich negierte er alle Aussagen, die er zuvor gemacht hatte. Das demonstriert jedem Meditierenden, der einen transzendenten Geisteszustand zu erfahren beginnt, die Notwendigkeit allmählichen Voranschreitens. Wenn er diesem Hinweis folgt, wird er einen Zustand erreichen, wo sich der Meditierende, der Gegenstand der Meditation und das Tun der Meditation selbst in Nichts, in Leerheit auflösen. Kurzum, wir könnten sagen, daß alles, was wir in unserem gewöhnlichen Geisteszustand wahrnehmen, aufgelöst oder transformiert werden muß.

Es muß einen Wandel geben. Und diese Veränderung der gegenwärtigen Funktionsweisen unseres Geistes ist die Absicht der Meditation; sie ist der Beginn der Meditation. Hat diese Transformation einmal stattgefunden, gibt es weder Anfang noch Ende, weil es kein Zeitmaß gibt. Wir könnten dies eine Verwirklichung der Istheit, der Dinge, wie sie sind, nennen oder die Auflösung des Geistes in einem höheren Bewußtseinszustand.

Etwas allerdings macht mir Sorgen, vielleicht beunruhigt es uns alle. Wir alle besitzen gut entwickelte Persönlichkeiten, wir haben eine gute Erziehung erfahren, wir haben unsere Freude an ernsthaften Diskussionen über das spirituelle Leben. Wir denken, lesen, studieren und erforschen diese Dinge in der Tiefe. Seit undenklichen Zeiten gibt es religiöse Systeme, Traditionen, Doktrinen, Philosophien und Schulen, und doch ist der Mensch unfähig, das Leiden aller fühlenden Wesen allgemein und das seiner eigenen Art im besonderen zu beenden. Tatsächlich scheint sein Leiden sogar intensiver zu werden, obwohl man doch annimmt, daß der Mensch die höchste Stufe des Bewußtseins darstellt und sich in Übereinstimmung mit der Theorie der Evolution entwickelt. Aber ist das wirklich so? Ist die Bewußtseinsstufe des Menschen von hoher Ordnung, und entwickelt oder entfaltet sie sich zu einem immer höheren Zustand? Die Erfahrung zeigt, daß das Bewußtsein sich nicht weiterentwickelt sondern eher degeneriert.

Der Mensch hat in Wissenschaft, Technologie und allen temporären materiellen Bereichen großes Wissen erlangt und sich dadurch mit all dem versorgt, was für ein komfortableres Leben nötig ist. Aber das Elend des Geistes, des inneren Körpers, scheint nicht abzunehmen. Wir mögen in den Bereichen von Philosophie und Religion Themen von erhabener Natur diskutieren, doch werden unsere Gedanken über philosophische Themen angesichts der unbeugsamen Realität von Konflikt, Widerspruch und Unordnung im täglichen Leben so vieler Menschen nebensächlich und bleiben Trockenübungen. Selbst innerhalb eines einzigen Tages, sei es am Morgen oder am Abend, ob wir schlafen, essen oder reden, befindet sich unser Geist ständig im Zustand des Widerspruchs und Konflikts zwischen dem 'Ich', meinem gegenwärtigen individuellen Selbst, und den 'anderen', der Gesellschaft. Nachdem wir all dies festgestellt haben, fragen wir uns vielleicht, was denn der Nutzen all dieser großartigen Systeme, Doktrinen und Philosophien ist, wenn wir nicht imstande sind, ihre Prinzipien auf eine Veredlung der Menschheit hin anzuwenden? Das Leiden der Menschheit ist keine Illusion, es ist nicht Māyā, wie so viele gerne annehmen. Leiden ist eine Tatsache – eine Realität des Lebens, der jeder sich stellen muß. Und wir sogenannten spirituellen Menschen sind angesichts dieser Umstände nahezu hilflos. Wir sind nicht nur unfähig etwas Gutes für die Welt im Großen zu tun, wir sind nicht einmal imstande, auch nur einem einzigen Individuum zu helfen.

Als ich ein Kind war, wurde ich ins Kloster gebracht, um Mönch zu werden – ein guter Mensch, der vielen Leuten von Nutzen sein würde. Schaue ich jedoch auf mein Leben zurück, so kann ich nicht einen Menschen finden, der als Ergebnis meiner Worte oder meines Kontaktes mit ihm friedvoller oder weniger gewalttätig geworden wäre. Es scheint, daß wir nicht imstande sind, irgend etwas für andere Menschen zu tun; wir können nur uns selbst helfen. Ich frage mich dann, ob es überhaupt sinnvoll ist, zu hoffen, daß wir in Zukunft fähig sein werden bei der Veredlung der Menschheit zu helfen. Vielleicht ist es nützlich, über folgende Fragen nachzudenken:

1. Gibt es, selbst wenn wir nicht imstande sind, der ganzen Gemeinschaft zu helfen, irgendeine Methode, die einige Menschen, durch einen Kontakt mit uns, sich entwickeln ließe und

inspirieren würde, ein besseres oder spirituelleres Leben zu führen?

2. Sind wir wirklich in der Lage auch nur einem einzigen Menschen zu nützen und eine kleine Veränderung in seinem Geist herbeizuführen?

3. Wäre es nicht besser, zuerst etwas für unsere eigene Transformation und Entwicklung zu tun?

Vielleicht könnten wir dann mehr liebevolle Güte ausstrahlen oder eine Botschaft bringen, die die Menschen weniger gewalttätig und die Welt zu einem glücklicheren Ort machen würde. Dann könnte die Menschheit sich vielleicht zur Entdeckung und Verwirklichung der Wahrheit fortentwickeln.

Wir tun viele Dinge, aber wenn wir uns am Ende jeder Handlung ernsthaft prüfen, müssen wir vielleicht feststellen, daß unsere Anstrengung zu nichts geführt hat. Lassen Sie uns zum Beispiel untersuchen, was aus der Anstrengung geworden ist, die in diesen Kurs gesteckt wurde. Viel gute und reife Menschen haben etliche Stunden damit zugebracht, geduldig den Vorträgen zuzuhören. Ich selbst bin von einer entfernten Stadt zu Ihnen gereist und habe mit der englischen Sprache gerungen, um Ihnen bestimmte Dinge zu erklären. Doch wenn wir das gesamte Programm näher betrachten, mag es scheinen, daß es absolut nutzlos gewesen ist. Was ich zu sagen hatte, habe ich gesagt, und wenn ich nach Varanasi zurückkehre, wird es nichts geben, was ich mit mir nehmen könnte, weil nichts geschehen ist und ich nichts erreicht habe. Als ich zu Ihnen über Meditation sprach, habe ich einfach Worte wiederholt, was ebensogut ein Papagei hätte tun können. Sie haben diese Worte auf sehr ähnliche Weise aufgenommen, wie man eine Zeitung liest: 'Ach ja, dies wurde gesagt, und jenes ist geschehen und so weiter und so fort.' Genauso läuft es unser ganzes Leben; diese Tendenz ist in all unseren Aktivitäten sichtbar, die allzu oft wertlos und unnütz sind. Sich blind durchs

Leben zu tasten, seinen Lebensunterhalt zu verdienen und beiläufig philosophische oder spirituelle Themen zu erörtern, nutzt weder der Menschheit im allgemeinen noch irgendeiner Einzelperson im besonderen. Es mag sein, daß es falsch von mir ist, zu denken, daß es in der gegenwärtigen Welt keine Hoffnung oder kein Zeichen der Ermutigung gibt. Die Menschheit ist mit ernsten Problemen konfrontiert und niemand – weder die Politiker noch die religiösen Führer – scheint eine Lösung zu haben. Sie scheinen alle schwer damit beschäftigt, doch die Menschen leiden immer noch.

Gibt es dann überhaupt eine Möglichkeit, von all diesen Schwierigkeiten frei zu werden? Können wir eine effektivere Lösung für die Probleme finden, denen wir uns heutzutage gegenübersehen – dem Verfall sittlicher Werte, der Korruption, Armut, Ordnungslosigkeit und Gewalt? Überall sprechen die Leute vom menschlichen Elend und scheinen ernsthaft betroffen zu sein; können wir wirklich keine Lösung finden und die Welt ändern?

Unter den vielen Leuten, die über diese Probleme reden, sollte es doch zumindest einige geben, die die nötige Willenskraft und Entschiedenheit aufbringen, zumindest einige der Schwierigkeiten zu beseitigen. Aber vielleicht ist es trotz allem so, daß die meisten Leute sich nicht allzu sehr von der schlimmen Lage der Menschheit betroffen fühlen – bis sie selbst persönlich darin verwickelt sind. Wir reden über Gewalt und Krieg, aber unser inneres Gleichgewicht bleibt ungerührt. Wir mögen sagen: "Was für ein schlimmer Krieg", aber wir haben nicht die geistige Kraft, auch nur zu wünschen, daß Kriege aufhören sollten, außer wenn, wie schon gesagt, unser eigenes Leben in Gefahr gerät. Genauso können wir in der Zeitung lesen, daß Menschen umgekommen sind, unser Geist bleibt davon weitgehend unberührt. Wir mögen darüber reden, aber es bleibt bei Worten, und niemals gebrauchen wir unseren

Einfallsreichtum im Hinblick auf die Beendigung dieser Probleme. Wir mögen vage darüber spekulieren, aber nie ist unsere ganze geistige Kraft auf die Beendigung von Gewalt gerichtet, damit die Menschheit in Zukunft dieser Art von Unsittlichkeit nicht mehr ausgesetzt sein muß.

Der Buddha lehrte uns, daß das Leiden eine Wahrheit, eine Realität ist. Es ist eine tägliche Realität, denn jeder leidet. Die Ursache des Leidens wird nicht aufhören, solange wir nicht versuchen herauszufinden, worin sie besteht. Es fehlt etwas in uns, und deshalb stellen wir nie ernsthaft die Frage, wie man den Weg geht, durch den Leid ausgerottet wird.

Großes Leid ist auch heute noch in der Welt gegenwärtig. Gibt es irgend etwas, das wir für die Menschheit im allgemeinen tun können, oder irgend etwas, das wir in unserem persönlichen, individuellen Selbst verändern könnten? Fällt uns irgend etwas ein, was für die Herbeiführung einer Wende zum Besseren augenblicklich wirksam wäre?

FRAGEN UND ANTWORTEN

Sie sagten, daß wir nicht imstande sind, irgend etwas für die Mehrheit der Menschen zu tun, vielleicht aber etwas für uns selbst tun können. Aber Sie sagten auch, daß die Wahrheit nicht vernichtet werden kann, also muß sie selbst in dieser dunklen Zeit des Kali-Yuga, in der wir uns befinden, zugegen sein. Wir müssen uns selbst verfeinern, um sie zu finden, und in diesem Prozeß werden wir ganz allmählich voranschreiten. Wo es Wahrheit gibt, muß es auch Fortschritt geben, und keine Anstrengung ist vergebens. Wenn wir vielleicht auch nicht viel Fortschritt in der Meditation machen mögen, so ist doch bereits Meditation, in der wir ein gewisses Empfinden von Frieden und Glück erreichen, in sich selbst schon wertvoll.

Natürlich können die Menschen meditieren und sich entwickeln, und diese Anstrengungen gehen nicht verloren. Doch die Frage, die ich Ihnen vorzulegen versucht habe, lautet: Wäre es für uns nicht möglich, den Standard der menschlichen Gesellschaft anzuheben, und ihn durch unsere Bemühungen, unsere Meditationen und durch ein reines Leben zu verbessern? Und wenn es auch nicht der ganzen Menschheit nützen kann, so doch zumindest unserer unmittelbaren Umgebung und jenen Menschen, mit denen wir direkten Kontakt haben. Die Ergebnisse einer solchen Bemühung und die Auswirkung, die sie auf die Gesellschaft haben würden, sollten irgendwie sichtbar sein. Vielleicht ist unsere 'Lauterkeit' ja so unbedeutend, daß sie keine wirksame energetische Kraft reflektiert und ausstrahlt.

Wenn wir für alle falschen Dinge, die wir tun, der Gesellschaft die Schuld geben, warum denken wir dann nicht über die Veränderung der Gesellschaft nach? Es gibt Philosophen, die sagen, daß die Gesellschaft nicht geändert werden kann. Es gibt andere (Wissenschaftler eingeschlossen), die glauben, daß eine Veränderung in einer Anzahl von Individuen nicht die erforderliche Auswirkung erbringen könne, die ganze Gesellschaft zu ändern, und daß man ausschließlich auf eine radikale soziale Veränderung hinarbeiten solle. Wenn dieser Umsturz käme, so glauben sie, würden sich die Individuen ebenfalls ändern.

Die menschliche Gesellschaft, die ja aus Individuen besteht, degeneriert eindeutig und sichtbar. Unsere ethischen Normen, unser Verhalten und unser Umgang miteinander sind im Niedergang begriffen. Und wenn wir unter diesen gestörten Bedingungen Falsches tun, geben wir der Gesellschaft, in der wir leben die Schuld. Wir sagen: "Was bleibt mir denn anderes übrig? Jeder andere lebt auch auf diese Weise, und wenn ich mich nicht anpasse, wie kann ich überleben? Die Gesellschaft würde mich verstoßen." Außerdem müssen wir, wenn alles, was wir tun, im gesellschaftlich tolerierten Rahmen ablaufen soll, dauernd lügen, unaufrichtig sein, Feinde verletzen und so weiter.

Ziel eines spirituellen Lebens ist nicht allein die Entwicklung des Individuums. Die spirituelle Entwicklung des Individuums sollte dem Wohle anderer, wenn nicht gar dem Wohle aller dienen. Darum frage ich noch einmal, können wir uns einen Weg vorstellen, durch den wir wirksam und schnell, vielleicht nicht auf die ganze Welt aber zumindest auf jenen sehr kleinen Teil der Menschen einwirken könnten, mit denen wir direkten Kontakt haben? Fällt uns etwas ein, das wirksamer wäre als die Systeme der Meditation oder Philosophie?

Könnten Sie ein wenig ausführlicher erklären, was mit der 'Wahrheit vom Leiden' gemeint ist? Wir wissen, daß Leid weit verbreitet ist, aber es berührt uns nicht wirklich. Wir kreisen dennoch weiterhin in unseren kleinen Vergnügen und Beschäftigungen. Wenn sich Leid dem Bewußtsein nicht als ungeheuer starkes Faktum präsentiert, taucht die Frage nach seinem Aufhören gar nicht auf. Der Buddha sagte nicht: "Schau her, dies ist Leiden"; er sagte: "Dies ist die Wahrheit, die ihr erkennen müßt." Darin scheint etwas Tieferes zu liegen als einfach nur die Aufmerksamkeit auf das Leid zu lenken, das wir alle kennen, weil wir alle irgendwann einmal gelitten haben. Die Vier Wahrheiten sind fundamental, deshalb kommt jeder einzelnen von ihnen große Bedeutung zu.

Ich habe versucht, Ihnen die Wahrheit vom Leiden darzulegen. In ihr und in nichts anderem sind der Buddha und die gesamte buddhistische Lehre enthalten. Der Buddha sagte, daß die Wahrheit vom Leiden erkannt werden muß. Dies ist die erste Wahrheit, und der Leitgedanke dieser Wahrheit ist, daß wir sie erkennen müssen, was wiederum impliziert, daß wir sie noch nicht kennen oder verstehen. Unsere Bemühungen erbringen nicht die erforderlichen Ergebnisse, weil unser Bewußtsein von dieser Wahrheit nicht zutiefst berührt worden ist. Solange Leid einen Menschen nicht direkt oder indirekt anrührt, kennt er es nicht. Wir sind uns des Leides in seiner Gesamtheit nicht bewußt, weder des Leids der Menschheit noch des Leidens anderer Lebewesen.

Jeder von uns hat einen individuellen Körper, in dem wir unsere geistigen Kräfte, unser Bewußtsein und unsere Gedanken für uns selbst aufgebaut haben. Um all diese Inhalte haben wir einen Behälter gebaut und versuchen diese Kräfte für unseren privaten Gebrauch in ihm zurückzuhalten. Das bedeutet, daß unser individueller Geist und unser individuelles Bewußtsein nicht mit der Gesamtheit allen Lebens, mit dem alles durchdringenden Prinzip der Seinshaftigkeit verbunden ist. Da unser Bewußtsein so ohne Verbindung mit allen äußeren Erscheinungsformen ist, bleiben unsere Anstrengungen nur auf uns selbst beschränkt und wir können nicht die Energie oder Kraft ausstrahlen, die erforderlich ist, um anderen in angemessener und wirksamer Weise zu helfen. Was wir auch tun, ist ichbezogen und sehr begrenzt. Deswegen habe ich gefragt, ob wir uns nicht irgendeinen Weg vorstellen könnten, durch den wir unsere Gedanken und Sichtweisen erweitern und Mittel und Wege finden können, daß unser Bewußtsein sich endlich des Leides bewußt wird. Ob dieser Weg in Meditation, in irgendeiner anderen Übung, in Entschlossenheit, Willenskraft oder was auch immer besteht, er muß uns dahin bringen, daß wir uns des Leides der anderen Wesen mehr bewußt sind und tiefer von ihm betroffen werden.

Der Buddha sagte: "Ihr müßt das Leiden erkennen", was beinhaltet, daß wir es bis jetzt nicht wirklich kennen. Wir haben allerlei Kenntnisse bezüglich des Leids, aber das bedeutet nicht, daß wir das Leiden der anderen wirklich kennen würden. Gewahrsein des Leidens ist etwas anderes. Es bedeutet, das Leid so zu kennen, wie es der Leidende empfindet, was wiederum bedeutet, daß wir sein Leiden in unserem eigenen Bewußtsein erfahren, indem wir eine direkte Beziehung zwischen dem Leid außerhalb von uns und unserem eigenen Bewußtsein herstellen. Nur dann wird unsere Anstrengung, die Ursachen des Leids außerhalb von uns zu verringern oder gar auszurotten, wirkungsvoll sein können.

Aber hier haben wir ein Problem. Wenn ich das Leiden kenne, so wie der Leidende selbst, und er dann zusammenbricht und weint, würde auch ich zusammenbrechen und weinen, wobei überhaupt nichts Nützliches herauskäme. Ist mit dem Verstehen des Leidens, wie der Leidende selbst, vielleicht etwas anderes gemeint? Könnte man sagen, daß es einer Revolution in einem selbst gleichkäme, wenn man die Wahrheit des Leidens kennen würde? Wenn man Leid nur oberflächlich kennt oder als Teil der Nachrichten, bewirkt es gar nichts. Aber wenn man seine Wahrheit kennt, wird es, da Wahrheit ja machtvoll ist, eine Art Revolution in einem selbst herbeiführen. Diese Wahrheit schafft eine gewaltige Bewegung, sie setzt Energie frei. Wenn man die Wahrheit des Leidens sieht, sollte es frische Energie geben, weiterzugehen und seine Ursache zu finden.

Ich meine nicht, daß das Leiden mit dem Leidenden zu empfinden, bedeutet, daß man mit ihm weinen sollte, wenn er weint. Das wäre bloß Sentimentalität. Die Nachrichten von einem Unfall, die wir in der Zeitung lesen, hat eine jeweils ganz unterschiedliche Auswirkung auf unseren Geist. Sagen wir, ich lese, daß ein Flugzeug in den Vereinigten Staaten abgestürzt ist, und ich kenne sogar die Zahl der Todesopfer. Trotzdem hat das Ereignis keine Wirkung auf meine Gefühle oder mein Bewußtsein. Wenn jedoch dasselbe in Varanasi, meinem Wohnort, geschieht, und ich lese davon in der Zeitung, so würde mich das wesentlich mehr beunruhigen, insbesondere wenn die Namen der Opfer nicht genannt wären, und ich mich sorgen würde, ob vielleicht Freunde unter den Toten sind. Für mich gibt es einen Unterschied zwischen einem Unfall in Amerika und einem Unfall in Varanasi. Die Zeitungen sind jeden Tag voll von Nachrichten über Ereignisse, die den Tod von Menschen zur Folge haben. Keine davon beunruhigt uns, außer der einen Nachricht, die irgendwie mit uns selbst zu tun hat. Das zeigt deutlich, daß unsere Beziehung zum Leid nicht aufrichtig ist. Für uns macht es einen Unterschied, wer leidet, und das heißt, daß es in unserer Beziehung zum Leid keine Unvoreingenommenheit gibt: Sie ist exklusiv und persönlich. Selbst wenn Sie denken, daß Sie eine wirklich gute Beziehung mit einem bestimmten Menschen haben, berühren Ihre Gedanken ihn doch niemals, weil er nur ein Bild ist, das Sie sich in Ihrem Geist, durch Ihren eigenen Gedankenprozeß von ihm geschaffen haben, und dieses Bild hat mit dem wirklichen Menschen nichts zu tun. Auch wenn Sie glauben, eine große Zuneigung für Ihren Freund zu empfinden, so ist es in Wahrheit doch so, daß sie die Zuneigung nicht für Ihren Freund sondern für das Bild Ihres Freundes empfinden, das sie sich in Ihrem Geist von ihm geschaffen haben. Dieser Bilder erzeugende Denkprozeß, der ständig in unserem Geist vor sich geht, trennt uns von der wahren Bedeutung der Liebe, denn es ist eindeutig, daß wir nicht eigentlich unsere Freunde sondern unser eigenes Selbst lieben. Dieses Phänomen ist noch offensichtlicher, wenn wir vom anderen Nutzen erwarten. Wahre Liebe ist etwas völlig anderes. Es ist eine nach außen gerichtete, sich ausdehnende Kraft, die alle fühlenden Wesen umfaßt. Über diesen Zustand allerdings wissen wir nichts, da wir die ganze Zeit von unseren eigenen Bildern von Liebe und Haß umgeben sind, die uns in einen sehr engen Panzer einschließen. Unsere Kenntnis vom Leiden ist ebenfalls nur eingebildet, denn auch sie ist auf die Eigenliebe bezogen.

VII

Betrachten wir die Geschichte der Menschheit, so sehen wir, daß es seit undenklichen Zeiten Individuen oder Gruppen von Individuen gegeben hat, die sich der Notwendigkeit bewußt waren, die tieferen Aspekte des Lebens zu erforschen. Als Ergebnis dieser Forschungen haben wir viele Religionen, philosophische und ethische Traditionen geerbt, die sich in Auffassung und Lehre so stark unterscheiden, daß sie unmöglich ordentlich zusammengestellt und in Übereinstimmung miteinander gebracht werden können. Wenn wir diese vielfältigen Weisheitstraditionen jedoch näher untersuchen, stellen wir fest, daß sie in zwei Punkten übereinstimmen – am Anfang und am Ende – und zwischen diesen beiden Punkten entfaltet sich die große Vielfalt religiöser Traditionen. Alle Religionen befassen sich zum Beispiel mit der Befreiung vom Elend; ihre ganze Zielrichtung und Aktivität geht dahin, einen Weg für die Befreiung aller Lebewesen, nicht nur einzelner, aufzuzeigen.

Die gesamte philosophische Tradition Indiens kann in zwei Kategorien unterteilt werden, nämlich in die der *ātmavādins* und die der *ānātmavādins*. Die erste Gruppe nimmt ein *ātman* (Selbst) an, die zweite Gruppe akzeptiert diese Vorgabe nicht. Alle nicht-buddhistischen philosophischen Traditionen können den *ātmavādins* zugerechnet werden. Buddhisten aber sind *ānātmavādins*, weil sie nicht von der Vorstellung eines *ātman* ausgehen, sondern stattdessen das 'Nicht-Selbst', die 'Nicht-Essenz eines Selbst' lehren. Die *ātmavādins* sagen, daß wir leiden, weil wir das Wesen des *ātman* nicht erkennen. Die Buddhisten sagen, daß es so etwas wie einen unabhängigen, unwandelbaren und dauerhaften *ātman* nicht gibt, und weil die Menschen diese Tatsache nicht erkennen, gibt es soviel Leiden in der Welt. Doch ich persönlich habe das Gefühl, daß das Reden über die Existenz oder Nicht-Existenz des Selbst auf unserer Stufe einfach eine Art ist, sich hervorzutun. Bevor ein Mensch nicht Verwirklichung oder Einsicht in diese Tatsache erlangt hat, macht es nicht den geringsten Unterschied, ob man die Existenz eines *ātman* akzeptiert oder ablehnt. Wenn wir versuchen eine Wahrheit auszudrücken, dic jenseits von Denken oder Ausdruck liegt, kommt nur eine Art Symbol dabei heraus, das die Richtung oder den Weg weist, durch den die Wirklichkeit erkannt werden kann.

Der Buddhismus besteht darauf, daß *avidyā* (Unwissenheit) nicht die Abwesenheit von *vidyā* (Wissen) ist, sondern daß es tatsächlich das Gegenteil von Wissen ist – eine Fehlauffassung, ein Mißverständnis. Wir gewöhnlichen Menschen glauben an ein Selbst. Von Anfang an befindet sich unser Bewußtsein in der Illusion, es existiere ein unabhängiges Selbst, das man isolieren und als individuell nachweisen könne. Aufgrund dieser Fehlauffassung errichten wir die Begrenzung von 'ich' und 'mein'. Wann immer die Vorstellung von 'ich' und 'mein' herrscht, gibt es auch das Verlangen zu schützen, zu besitzen, zu erreichen, zu wissen und so weiter. All dies ergibt sich aus dem Konzept eines unabhängigen und dauerhaften individuellen Selbst. Ist dieses Verlangen erst vorhanden, so sucht es sich zwangsläufig, in vielerlei Handlungen, die sowohl gutes wie schlechtes Karma schaffen, ein Ventil. Aktionen wiederum ziehen Reaktionen an, und so entsteht ein unablässiger, endloser Teufelskreis.

Auf diese Weise und infolge derartiger Handlungen nehmen wir Geburt, und durch die Geburt verwickeln wir uns in die Abläufe von Krankheit, Verfall und Tod. Nach dem Tode nehmen wir wieder Geburt und müssen wieder demselben Ablauf folgen; wieder erzeugen wir die Vorstellung von einem eigenständigen Ich, das wieder Verlangen erzeugt, und so bleiben wir, gebunden und begrenzt, an einen endlosen Kreislauf gefesselt, der uns unaufhörlich und sinnlos umhertreibt – nicht nur von Geburt zu Geburt sondern auch von Tag zu Tag. Diese falsche Auffassung, der Gedanke des Selbst, ist in jedem Augenblick des Lebens unser ständiger Begleiter, ob im Schlafen oder Wachen. Vom Morgen bis zum Abend bekräftigen wir Tausende Male die Illusion des Ich. Jemand lobt uns wegen gut getaner Arbeit, und augenblicklich sind wir stolz. Jemand beschimpft uns, und wir werden zornig und fühlen uns verdammt. In beiden Fällen können wir das Selbst sehr stark fühlen – oder besser die falsche Auffassung von einem Selbst.

Das Verlangen nach Vergnügen und das Verlangen Leid zu vermeiden sind immer in uns, und aus diesen zwei Aspekten ein und derselben treibenden Kraft werden alle Handlungen geboren. Wenn wir zum Beispiel am Morgen mit Kopfschmerzen aufwachen, kommt augenblicklich der Gedanke: 'Mein Kopf schmerzt.' Es herrscht also die falsche Auffassung eines Selbst, die in den Worten 'mein' Kopf ausgedrückt wird, gefolgt von einer Beziehung zwischen dem Schmerz und dem Selbst. Dann entsteht der Wunsch, dem Schmerz ein Ende zu machen und drängt uns, eine Pille zu nehmen oder einen Arzt aufzusuchen. Diese eine Handlung gebiert etliche weitere Handlungen, in denen die Fehlauffassung eines Selbst weitere Wünsche und Gedanken erschafft – wie etwa das Selbst zu schützen und es zu bewahren – und diese wiederum erzeugen Furcht, die Verwirrung und Konflikte weiter vermehrt.

Wie läßt sich dieser endlose Kreislauf durchbrechen? Es ist nicht möglich, die Bewegung eines ganzen Rades anzuhalten, indem man eine Speiche entfernt. Die Nabe des Rades ist es, die zerbrochen werden muß. Die Grundursache muß beseitigt werden, und solange das nicht geschieht, kann das Rad nicht angehalten werden. Das Zentrum, der Same oder die Grundursache ist immer noch vorhanden, und dies bedeutet, daß die zweite und dritte Ursache jederzeit auch erscheinen können. Aus diesem Grund ist die Beseitigung der falschen Auffassung, der Unwissenheit, unerläßlich, wenn wir aus dem Kreislauf herauskommen wollen. Und die Art und Weise der Bewegung des Rades – Kreise innerhalb von Kreisen – umfaßt nicht nur jedes individuelle Lebewesen sondern auch dic gesamte Gemeinschaft aller Lebewesen in *saṃsāra*. Jeder von uns bewegt sich in seinem eigenen Kreislauf und dieser verbindet sich mit vielen anderen Kreisläufen vieler anderer Lebewesen. Auf diese Weise sind wir durch kollektive Handlungen und kollektive Unwissenheit gebunden, die zu einem Teil unseres eigenen individuellen Karmas werden. Die karmischen Kräfte und Handlungen der Menschen mischen sich miteinander, und die Menschheit ist als Ganzes in der zwingenden Gewalt des Kreislaufs von *saṃsāra* gefangen.

Jeder Mensch schafft sich also seinen eigenen Kreislauf, worin er sich – Zwängen gehorchend – bewegt. Dieser Kreislauf verbindet sich mit von anderen geschaffenen Kraftzentren oder Kreisläufen. All diese miteinander verwobenen Kreisläufe erzeugen eine derart gewaltige Kraft, daß es scheint, als bliebe uns nichts anderes übrig, als ihr hilflos zu folgen – solange wir nicht die Wurzel-Ursache von alledem vernichten: die falsche Auffassung von einem Selbst. Der Buddha hat gesagt: "Die Grundursache des Leidens muß vernichtet werden." Haben wir das Leiden erst einmal erkannt, können wir nach seiner Ursache suchen und ihm schließlich ein Ende machen.

Die Ursache des Leidens ist unsere Fehlauffassung oder Unwissenheit (*avidyā*) und das unmittelbare Heilmittel für diese Unwissenheit ist *prajñā,* Wissen oder Weisheit: die Erkenntnis der letztendlichen Wahrheit. Nur wenn diese Einsicht verwirklicht ist, kann die Unwissenheit dauerhaft beseitigt werden. Aber *prajñā* kann erst verwirklicht werden, wenn man einen stabilen und einsgerichteten Geist entwickelt hat, der zur Ruhe gekommen ist und den Befehlen gehorcht. Diese Stabilität des Geistes (*samādhi*) wird durch die kontinuierliche Meditation über nur ein Objekt herbeigeführt. Gleichzeitig ist für wirkungsvolle Übung ein geordneter Geist notwendig. Um einen qualifizierten *samādhi* erlangen zu können, müssen wir jedoch schon vor und während unserer Meditationspraxis gutes Verhalten und hohe sittliche Normen erworben haben. Diese ethische Vervollkommnung ist *śīla.* Diese drei – *śīla*, *samādhi* und *prajñā* (Ethik, Versenkung und Weisheit) – sind nach den Lehren des Buddha wechselseitig voneinander abhängig. *Samādhi* ist mit *śīla* verbunden, weil so die Tätigkeiten des Körpers und der Sprachc in Harmonie gebracht werden. Nur wenn wir *samādhi* erreicht haben, können wir tief in die Wirklichkeit der Phänomene eindringen und *prajñā*, Weisheit, verwirklichen.

Ein Beispiel, das das notwendige Zusammenspiel erklärt: Wenn wir einen Baum fällen wollen, brauchen wir eine scharfe Axt. Aber wir brauchen auch einen gesunden Körper mit einer starken Hand, sonst wären wir nicht imstande, die Axt zu führen. *Śīla* kann mit einem gesunden Körper verglichen werden, *samādhi* ist die starke Hand und *prajñā* die scharfe Axt. Wenn alle drei zusammenwirken, kann der Baum der Unwissenheit gefällt werden.

Wir haben viel über *śīla*, *samādhi* und *prajñā* gesprochen, und die Systeme und Methoden der Meditation erörtert. Es mag scheinen, daß diese Lehren auf einer so hohen Stufe angesiedelt sind, daß es für gewöhnliche Menschen kaum möglich ist, sie praktisch in ihr Leben zu integrieren. Darum wäre es wichtig darüber nachzudenken, wie man vorgehen kann. Es ist unwahrscheinlich, daß irgend jemand von uns imstande ist, seine sozialen Verpflichtungen aufzugeben, der Welt zu entfliehen und sich in einen Dschungel zurückzuziehen, um zu meditieren bis er *nirvāṇa* erreicht hat. So etwas könnte sich sogar als eine Art von Feigheit erweisen. Es verlangt jedoch eine Menge Mut, ein normales Leben zu führen, kontinuierlich *śīla*, *samādhi* und *prajñā* zu praktizieren und stets rein zu bleiben. Lassen Sie uns nun noch darüber nachdenken, wie wir das erreichen können.

Zuallererst schlage ich vor, daß sich jeder von uns einen Plan macht, an den er sich strikt halten sollte. Dieser Plan sollte die Praxis von *śīla*, *samādhi* und *prajñā* zum Mittelpunkt haben, und wir sollten große Sorgfalt darauf verwenden, daß alles, was wir tun, mit diesen Prinzipien in Übereinstimmung steht. Auf diese Weise wird alles, was wir unternehmen, ordentlich getan, ob wir uns ankleiden, auf die Straße gehen oder Nahrung zu uns nehmen – was immer wir tun wird die Richtigkeit von Ordnung verkörpern. Jeder, der sich, bevor er eine Handlung unternimmt, bewußt macht, ob sie in Ordnung ist oder nicht (das heißt, ob sie richtig oder falsch ist), lebt diszipliniert. Diese Disziplin ist *śīla*.

Disziplin bedeutet auch, daß wir unseren ganzen Geist auf das, was wir im Augenblick gerade tun, konzentrieren, sei es waschen, essen oder reden, und daß wir ihn gesammelt halten und ihm niemals gestatten sich ablenken oder entmutigen zu lassen. Unser Geist ist kaum daran gewöhnt, darauf zu achten, was wir tun; gewöhnlich ist er nur halb bei der Sache, während der Rest in viele andere Dinge zerstreut ist. Disziplin kann niemals von irgendeiner außen wirkenden Kraft – etwa der Religion oder einem anderen Menschen – aufgezwungen werden.

Sie muß aus uns selbst kommen, unter Zuhilfenahme allen Wissens, aller Erfahrung und Weisheit, über die wir verfügen. *Samādhi* zu üben bedeutet, jedem Aspekt unseres Tuns stetige Aufmerksamkeit zu schenken, und den Geist zu allen Zeiten gesammelt zu halten. Wir mögen vielleicht nicht imstande sein auf einer sehr hohen Stufe zu praktizieren, aber wir können bei allem, was wir tun, sorgfältig und achtsam sein; wir sollten niemals irgend etwas ohne die volle Aufmerksamkeit des Geistes tun, dann wird jede Handlung Ausdruck von Vernunft und Weisheit.

Selbst das Schreiben eines Briefes an einen Freund erfordert Ordnung. Zuerst schreiben wir unsere Adresse und dann das Datum. Dann achten wir im Brief selber auf Stil und korrekten Gebrauch der Wörter. Und wenn der Brief fertig ist, lesen wir ihn durch, um zu schauen, ob er unsere Gedanken richtig wiedergibt, und gleichzeitig achten wir auf Rechtschreibfehler und so weiter. All das verlangt eine bestimmte Sorgfalt und Urteilskraft, besonders was den Inhalt des Briefes angeht.

Es gibt nichts, was nicht noch verbessert werden könnte, und niemand ist vollkommen. Ganz gleich ein wie großer Experte jemand auf seinem Gebiet sein mag, es gibt immer Raum für Verbesserung, und es ist immer möglich noch tieferes Wissen zu erlangen. Darum sollten wir bei allem, was wir tun, und sei es nur Abwaschen oder das Haus in Ordnung halten, unablässig versuchen, es immer besser zu machen als zuvor. Wenn dieser Zustand unablässiger, unzerstreuter Aufmerksamkeit selbst in den kleinsten Einzelheiten unseres Lebens aufrecht erhalten bleibt, werden wir an Einsicht und Weisheit wachsen.

Wenn wir in unserem täglichen Leben die Qualitäten von Achtsamkeit und Urteilskraft üben, entsteht – aufgrund von Selbstdisziplin, Konzentration sowie dem Streben nach tieferen Einsichten in die spezielle Natur unserer Arbeit – eine frische Energie im Geist. Auf diese Weise wird eine stetige und allmähliche Entwicklung unseres Charakters und unseres Bewußtseins stattfinden, und im Laufe der Zeit werden wir imstande sein, besser und mit größerer Leichtigkeit zu meditieren und tiefere Einsicht in die Wirklichkeit der Dinge gewinnen.

Wenn wir die Sache richtig bedenken, werden wir erkennen, daß sich an unserer Lebensweise viel verbessern läßt und wie wir von unserer Zeit einen viel besseren Gebrauch machen können, damit die Zeit und Energie, die wir mit Gebet, Meditation und sogenannten religiösen Aktivitäten verbringen, nicht vergeudet ist. Denken erfordert viel innere Energie. Wenn wir uns daher auf die anstehende Aufgabe konzentrieren, beenden wir von selbst eine große Anzahl überflüssiger Gedanken. Darüber hinaus können wir uns in unserer freien Zeit sehr leicht darin üben, unseren Geist von allem Denken leer werden zu lassen, wenn wir uns zum Beispiel nach dem Essen hinlegen und nicht nur unseren Körper, sondern auch unseren Geist entspannen. Lassen Sie den Geist leer, ohne zu denken oder sich zu konzentrieren. Die beste Methode das Denken anzuhalten, besteht darin, es zu beobachten. Gewöhnlich beobachten wir unsere Gedanken nie. Wir konzentrieren uns immer auf den Gegenstand, über den wir gerade nachdenken und schauen so nur äußerlich auf die Gedanken. Aber wenn wir unsere Gedanken beim Entstehen beobachten und während sie voranschreiten, dann werden sie gleichsam zögernder in ihrem Entstehen. Man könnte sagen, daß sie schüchtern sind, und sich nicht gerne beobachten lassen! Schon diese Leerheit bringt eine geistige Verbesserung, die allerdings mit dem, was man durch Meditation erreicht, nicht vergleichbar ist.

Für jene, die Gedanken nicht durch Beobachtung auslöschen können, gibt es eine weitere Methode, nämlich alle entstehenden Gedanken in eine bestimmte Richtung zu lenken, indem man ihnen ein klar definiertes Projekt oder ein der Mühe wertes spirituelles Thema zu bedenken gibt. Wir werden feststellen, daß, sobald wir unseren Gedanken eine eindeutige Richtung geben, Schwierigkeiten auftauchen, weil der Geist es vorzieht, sich über alle Arten von Themen und Gegenständen auszubreiten statt einer vorgegebenen Richtung zu folgen. Wir müssen uns daher wirklich konzentrieren und den Geist immer wieder zurückholen, bis er bei dem gewählten Thema bleibt, das zum Beispiel lauten könnte: Wie kann ich anderen dienen? oder, wie werde ich sanfter und herzlicher?

Diese beiden Praktiken sind selbst mitten im Alltag eines gewöhnlichen weltlichen Lebens von großem Nutzen. Wenn die Menschen es nur probieren würden, so würden sie selbst merken, daß bereits nach etwa einer Woche eine deutliche Veränderung stattfindet.

Ein weiterer Gesichtspunkt, auf den ich ihre Aufmerksamkeit noch lenken möchte, ist die Verringerung unserer Hoffnungen und Befürchtungen, denn diese beiden Aktivitäten sind für unseren Geist am störendsten. Jeder weiß, daß etwas zu fürchten einem nicht helfen wird ihm zu entgehen. Ebenso wenig kann Hoffnung kein Geschehen erzwingen, das nicht geschehen wird. Furcht und Hoffnung sind für den Geist also nutzlose Aktivitäten. Schauen wir doch einmal, wie wir auf einen Zug warten. Sowohl Befürchtungen wie Hoffnungen stören uns dabei. Wir schauen ständig auf die Uhr, um zu sehen, ob der Zug auch rechtzeitig kommt; plötzlich haben wir die Befürchtung, etwas Wichtiges Zuhause liegengelassen zu haben, oder daß unser Gepäck verlorengehen oder gestohlen werden könnte. Wenn dann der Zug in den Bahnhof einfährt, hoffen wir, einen guten Platz am Fenster und einen guten Schlafplatz zu finden. Während der Reise prüfen wir vielleicht an jedem Bahnhof, ob der Zug auch richtig in der Zeit liegt und sorgen uns schon, ob wir auch ja unseren Anschluß am anderen Bahnhof bekommen. Obwohl wir genau wissen, daß unsere Befürchtungen und Hoffnungen sowieso nicht den geringsten Unterschied machen, pflegen wir sie weiter, bis wir schließlich sogar unsere Mitreisenden noch mit unserer Unruhe anstecken, und auch sie sich unwohl zu fühlen beginnen. Ähnliche Situationen wiederholen sich im Leben ständig. Wir sorgen uns um alle möglichen Dinge und versuchen, vor ihnen davonzulaufen oder sie zu unterdrücken, und stören so unser geistiges Gleichgewicht. Es ist bestimmt der Mühe wert uns daran zu erinnern, daß es, wenn es eine Lösung für ein Problem gibt, überhaupt keinen Grund gibt sich Sorgen zu machen, und wenn es keine Lösung gibt, sind Furcht und Hoffnung ebensowenig von Nutzen, wir können sie also genausogut aufgeben. Es ist das beste, aufzuhören sich Sorgen zu machen und alles was geschehen muß einfach auf seine eigene Weise geschehen zu lassen.

Wir sollten unsere Energie überlegt einsetzen, damit jedes Quentchen etwas Nützliches bewirkt. Wir sollten immer versuchen, unsere Energie zu bewahren, denn dann können wir allmählich ein gewisses Maß an Meditation entwickeln. Selbst wenn wir nicht meditieren, indem wir uns in einer bestimmten Haltung hinsetzen oder in einer festgelegten Weise üben, gibt es diesen anderen Weg, in jedem Augenblick unseres Lebens zu üben. Wenn wir dieser Methode folgen, können wir eine Entwicklung an Einsicht und Weisheit erwarten, die uns verwandeln und erleuchten wird. Und wenn wir diesen Zustand der Erleuchtung, in dem wir die Wahrheit von der Selbstlosigkeit erkennen, einmal erlangt haben, werden wir frei von Verlangen sein, denn wenn das Selbst sich erst aufgelöst hat, verschwindet Verlangen von selbst. Verlangen ist immer mit einem 'Selbst' verbunden, wenn es also kein Selbst gibt, gibt es auch kein Verlangen. Verlangen ist stets eine Aktivität, die dem Selbst dient, die Dinge für das Selbst zu erlangen ersucht.

Wenn Verlangen also vernichtet ist, kann es keine selbstsüchtigen Aktivitäten mehr geben. Hört selbstsüchtige Aktivität auf, gibt es auch keine Reaktion mehr. An diesem Punkt setzt die dem Teufelskreis entgegengesetzte Bewegungsrichtung ein. Allerdings muß die Kraft der bereits begonnenen Handlungen sich noch auswirken. Doch wenn ihre Bewegung sich verlangsamt und keine neuen falschen Handlungen mehr begangen werden, weil die Wahrheit der Selbstlosigkeit erkannt ist, dann kommt der ganze Kreislauf des Leidens zum Ende.

Ich möchte Sie bitten an das Leiden im Universum im allgemeinen und an das Leid aller Lebewesen im besonderen zu denken. Seien Sie sich allen Leidens bewußt, fühlen Sie es! Wenn Sie es fühlen können, werden Sie liebevolle Güte und Mitgefühl für alle fühlenden Wesen entwickeln, und in dem Maße, wie das Mitgefühl sich in Ihnen entfaltet, wird Ihre Täuschung bezüglich eines Selbst abnehmen. Auf diese Weise wird ihre Beziehung zu allen anderen Lebewesen reiner und Ihre Weisheit tiefer und stärker. Die Eigenschaften von Mitgefühl und liebevoller Güte zeigen an, daß ein Mensch beginnt sich spirituell zu entwickeln. Anfangs wird er sie vielleicht erst begrenzt aufweisen, aber später wird er das gesamte Universum umarmen.

Ich glaube, der einfachste und leichteste Weg, unseren Geist der Meditation zuzuwenden liegt darin, den Geist zuerst zu sammeln, ihn so zu sammeln, daß alle Gedanken ferngehalten werden. Ihn dann zu konzentrieren und einsgerichtet auf das Verstehen des Leidens zu lenken, das von allen Lebewesen im Universum erfahren wird, indem wir uns daran erinnern, daß alle Lebewesen – genau wie wir – nicht leiden wollen. Deshalb ist es unsere Verantwortung, zur Beseitigung des Leidens aktiv zu werden.

Wenn wir gegenwärtig auch nur wenig tun können, so haben wir doch die Möglichkeit, die Kraft unseres Geistes zu entwickeln. Die Geisteskraft ist die mächtigste Kraft im Universum, denn alles wurde und wird durch sie geschaffen. Diese Energie kann von materiellen Kräften nicht gestört oder herausgefordert werden, die selbst nichts anderes sind als ein Nebenprodukt der Macht des Geistes. Die Kräfte des Mitgefühls und der Weisheit sind daher viel stärker als die Kräfte der Unwissenheit und des Hasses. Aus diesem Grunde sollten wir unseren Geist mit Mitgefühl, liebevoller Güte und Weisheit erfüllen und sie, verbunden mit dem starken Wunsch für ihr Glück, auf alle Wesen ausstrahlen.

Vergessen Sie niemals, allen fühlenden Wesen die Kraft der liebevollen Güte zu senden.